本遗址发掘、报告编写得到

阆中市委、市政府的专项经费资助

阆中灵山

四川省文物考古研究院
南充市文物保护管理所　编著
阆 中 市 文 物 局

文物出版社

图书在版编目（CIP）数据

阆中灵山 / 四川省文物考古研究院, 南充市文物保护管理所, 阆中市文物局编著. -- 北京：文物出版社, 2022.9

ISBN 978-7-5010-7777-9

Ⅰ.①阆… Ⅱ.①四… ②南… ③阆… Ⅲ.①新石器时代文化—文化遗址—灵山县 Ⅳ.①K878.02

中国版本图书馆CIP数据核字（2022）第157594号

审图号：川S【2022】00038号

阆中灵山

编　　著：四川省文物考古研究院
　　　　　南充市文物保护管理所
　　　　　阆中市文物局

责任编辑：乔汉英
责任印制：王　芳
封面设计：王文娴

出版发行：文物出版社
社　　址：北京市东城区东直门内北小街2号楼
邮　　编：100007
网　　址：http://www.wenwu.com
经　　销：新华书店
印　　刷：天津图文方嘉印刷有限公司
开　　本：889mm×1194mm　1/16
印　　张：14.75
版　　次：2022年9月第1版
印　　次：2022年9月第1次印刷
书　　号：ISBN 978-7-5010-7777-9
定　　价：320.00元

Lingshan Site of Langzhong City

by

Sichuan Provincial Cultural Relics and Archaeology Research Institute

Nanchong Municipal Cultural Relics Administration Bureau

Langzhong Municipal Cultural Relics Bureau

Cultural Relics Press

目　录

插图目录

彩版目录

第一章 绪 论

第一节 地理位置与自然环境

一、地理位置

阆中市位于四川盆地东北部、嘉陵江中游，是四川省直辖、由南充市代管的县级市。介于东经 105°41′~106°24′，北纬 31°22′~31°51′ 之间。东西长 51、南北宽 28 千米，面积 1878 平方千米。东接巴中市、仪陇县，南临南部县，西连剑阁县，北依苍溪县。

阆中古城坐落在蟠龙山西南麓、嘉陵江东北岸的半圆形平原上。因阆山四合似"高门"，阆水"迂曲"绕三方，城在阆山、阆水之中而得名。

灵山遗址位于阆中古城东北约 5 千米盘龙山支脉灵山山顶台地和山腰阶地上，地处嘉陵江北岸与东河（宋江）交汇处，属阆中市文成镇梁山村 3 社。中心地理坐标为东经 106°00′28.4″，北纬 31°37′09.8″，山顶海拔高度约 537 米，山腰阶地海拔高度约 500 米（图一；彩版一）。

二、自然环境

阆中市位于四川东部地台区、川北台陷区和川中台拱之间，地质构造简单，褶皱平缓，裂隙不发育，出露地层有侏罗系上统及白垩系下统，沿嘉陵江岸有第四系分布。县境西北方为龙门山褶皱带，北部是米仑山台穹带，东北与大巴山褶皱带相接。阆中位于构造的中心地带，中心构造形态平缓。

阆中境内有两大山系：嘉陵江以东属巴山山脉，以西属剑门山脉，两大山脉分支余脉在阆中市分别呈西北—中南，东北—西南走向，形成东西北部高，中部低的堰尾槽状地势和多层次梯级地形，处在川北低山区向川中丘陵区的过渡地带。最高点为龙泉镇的马鞍山，海拔 888.8 米，最低点为最南端的朱镇乡猫儿井嘉陵江段，海拔 328 米。境内平坝、低丘陵、高丘陵、低山、台地、山原兼而有之，属低山地貌为主和少数丘陵带坝地形。

灵山一峰独立，山顶略呈不规则三角形台地，东南部陡降约 40 米形成山腰较平的阶地，

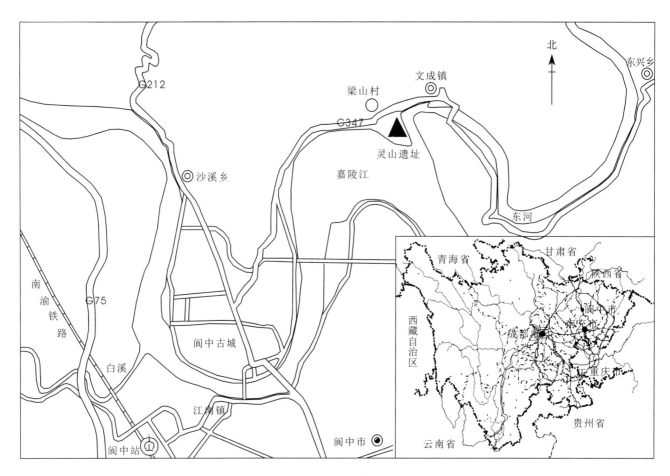

图一 阆中灵山遗址位置示意图

其西中部较平,向北、东、南三面倾斜。向东南延伸,高度缓降进入嘉陵江与东河交汇处(彩版二)。

境内主要河流有嘉陵江,从北向南流经石子乡、保宁镇等 13 个乡镇,过境全长 59.45 千米,还有白溪、东河、构溪河、西河等 4 条嘉陵江支流贯穿境内,分别于江南镇、文成镇、河溪镇、南部县定水镇流入嘉陵江。

三、气候

阆中属亚热带湿润季风气候区,气候温和,雨量充沛,光照适度。年均温度 17℃。极端最高气温 39℃,最低气温 -4.6℃。常年无霜期 290 天,年均日照 1379.8 小时,年均降水量 1033.9 毫米。

四、土壤

阆中属亚热带湿润气候区紫色土带,处于白垩系城墙岩群和侏罗系蓬莱镇交界地。县境东南、西南部多属中丘宽谷地貌，为侏罗系蓬莱镇组棕紫泥母质。东北、西北部多属低山、高丘地貌，为白垩系城墙岩群黄红紫泥母质。嘉陵江两岸属浅丘带坝地貌，为灰棕冲积物母质。嘉陵江二、三级阶地的第四纪沉积物，老冲积黄泥土属，多分布在石子、沙溪、河溪、石龙、洪山、七里、白塔等地的部分村组。在东河、构溪河、西河、白溪濠边的少量冲积土，多系白垩系中下统和侏罗系上统地带发育而成的紫色潮土。

五、自然资源

县内生物资源较为丰富。野生植物主要分布在低山和丘陵地区，以及浅丘带坝地区的"四旁"；野生植物较多的地方，野生动物也多。还有一些珍稀植物、动物。

阆中植被属亚热带常绿阔叶和针叶混交林区，主要是以柏木、马尾松组成的纯林及针、阔混交林，其次是由栎类、黄荆、马桑、草类组成的杂灌丛等。

野生动物主要有两栖类蟾蜍、黑斑蛙、泽蛙、沼蛙、大鲵；爬行类主要有乌龟、鳖、壁虎及蛇类；哺乳类主要有蝙蝠、水獭、黄鼬、豹猫、豹、草兔、刺猬、松鼠等；鸟类主要有斑鸠、竹鸡、雉鸡、老鹰等；鱼类主要有鲤鱼、长吻鮠、鲶鱼、鲫鱼、白甲鱼、鲢鱼、草鱼、乌鱼、中华倒刺鲃、鳗鲡、白鲟等。

矿产资源主要有石油、天然气、砂金、岩盐等，其他如煤炭、磷、石英砂、铀、石膏、琳琅石等在市境内也有零星分布。

六、农业

根据地貌特征、土壤组合、生产特点等，将全县划分为3个种植区，Ⅰ区：沿江平坝稻、麦、油、果、菜区，该区地势平坦，水源条件好，气候温和，是粮油高产区。Ⅱ区：中丘中谷粮、棉、油、果、桑区，该区日照充足，无霜期长，雨量较少，是棉花主产区。Ⅲ区：北部低山窄谷粮、油、辣、桑、果、桐区。该区农业生产水平低，农事季节、土壤组合、气候特点等均呈垂直分布。

粮食作物水稻是县内主要粮食作物，其产量约占全县粮食产量的50%，另外还有小麦、玉米、红苕等。

经济作物主要是棉花、油菜、花生、麻、烟叶、甘蔗、药材（主要有半夏、牛膝、桔梗、沙参等）。

七、养殖与水产业

主要养殖猪、牛、羊、鸡、鸭、鹅、兔、蚕、蜂；鲢鱼、草鱼、鳙鱼、鲤鱼、鲫鱼、鳝鱼、中华倒刺鲃（青波）、鳟鱼以及鲌类、鲴类。

第二节　历史沿革[1]

新石器时代，阆中已有先民生息。《路史》传华胥生伏羲于此。古为梁州之域，商属巴方，周属巴国。秦孝公元年（公元前 361 年）左右，巴子国为楚逼，遂迁都阆中。秦惠文王后元二年（公元前 323 年），巴据阆中称王。秦惠文王后元九年（公元前 316 年），秦灭巴、蜀。阆中由此成为秦国之地。公元前 314 年，秦惠文王设置阆中县，隶属于巴郡（治今重庆）。

公元 201 年（东汉献帝建安六年）至公元 347 年（成汉嘉宁二年），阆中为巴西郡治，辖阆中、安汉、垫江、宕渠、宣汉、汉昌、南充国、西充国等 8 县。

公元 347 年（东晋永和三年）至公元 508 年（南朝梁天监七年），阆中为北巴西郡治，辖阆中、苍溪、安汉、南国、西国、平周等县。

公元 509 年（天监八年）至公元 553 年（承圣二年），阆中为南梁北巴州治及北巴西郡治，辖北巴西、白马义阳、南部、木兰、金迁、掌天等郡。

公元 525 年（北魏孝昌元年）至公元 535 年（西魏大统元年），为魏所据。

公元 554 年（恭帝元年）至公元 583 年（隋开皇三年），阆中为隆州及盘龙郡治，辖盘龙、新安、南宕渠、金迁、白马、隆城 6 郡，盘龙郡辖阆中、汉昌、胡原 3 县。

公元 583 年（开皇三年）至公元 607 年（大业三年），为隆州治，辖阆内（隋改阆中为阆内）、南部、苍溪、奉国、仪陇、大寅、西水、晋城、南充、相如 10 县。大业三年，改隆州为巴西郡。

公元 618 年（唐武德元年）至公元 712 年（先天元年），为隆州治（仍名阆中）。713 年（开元元年），避唐玄宗讳，改隆州为阆州，辖阆中、南部、苍溪、西水、新井、晋安、新政、奉国、歧坪 9 县。公元 742 年（天宝元年）至公元 758 年（乾元元年），曾改为阆中郡。

五代及北宋、南宋，阆中均为阆州治。公元 929 年（五代唐天成四年），于阆州置保宁军，北宋时置安德军。公元 1276 年（南宋景炎元年）至 1912 年，阆中一直为保宁府治。

明末清初，四川设临时省会达 17 年之久，是历代川北政治、经济、军事、文化中心。

清顺治时，四川临时省会设在阆中 10 余年。

1912 年，在阆中设川北宣慰使署。

1913 年，改为川北观察使署。

1914 年，改为川北道署，不久改为嘉陵道署，移治南充。

抗日战争时期，川陕鄂边区绥靖公署、巴山警备司令部设于阆中。

---

[1] 四川省阆中市地方志编纂委员会：《阆中县志》，四川人民出版社，1993 年；岳永武、郑钟灵等修纂：《民国阆中县志》，民国 15 年（1926 年）石印本影印；《阆中县志》咸丰版；《道光保宁府志》，清道光元年（1821 年）刻，二十三年（1843 年）补本影印；杨瞻、杨思震：《嘉靖重修保宁府志》，明嘉靖二十二年（1543 年）。

1933~1935 年，红四方面军在阆中相继建立阆南县、苍溪县、阆中县、忠发市 4 个县级苏维埃政府。

1949 年 12 月 29 日，中国人民解放军接管阆中。

1950 年 1 月 8 日，成立阆中县人民政府。

1991 年 1 月 12 日，经国务院批准，四川省人民政府撤销阆中县，设立阆中市。

1993 年 8 月，阆中被列为省直辖市，由南充市代管。

第三节　工作概况

一、历年工作情况

历年来，阆中开展的考古工作不多，比较正式的考古工作开始于 20 世纪 70 年代中、后期，在修建南部至苍溪公路时，阆中县文化馆对发现的汉墓进行了抢救性清理，出土了陶罐、铜铣等文物[1]，1979 年重庆市博物馆、南充市文化局等开展嘉陵江南充地区河段考古调查时，在阆中发现部分遗址[2]。1986 年四川省第二次全国文物普查时四川省文物考古研究所等单位再次对阆中进行了考古调查[3]，1989 年，四川省文物考古研究所、阆中县文物管理所联合对朱家山坪上遗址进行了发掘[4]。2000 年，四川省文物考古研究所等单位调查阆中彭城遗址，2005 年四川省文物考古研究院和中国社会科学院考古研究所等对阆中彭城遗址进行了发掘[5]；2006 年四川省文物考古研究院、南充市文物管理所和阆中市文物管理所对兰家坝遗址进行了调查和试掘[6]。2009 年四川省文物考古研究院等单位对兰渝铁路四川段进行了考古调查[7]，2010 年四川省文物考古研究院等单位对阆中张家湾崖墓群进行了考古发掘[8]，2011 年四川省文物考古研究院等单位对阆中郑家坝遗址进行了考古发掘[9]，2016 年开展阆中市解元水库淹没区地下文物抢救性发掘[10]。

---

[1] 资料未发表，实物现存阆中博物馆。

[2] 重庆市博物馆：《四川嘉陵江中下游新石器时代遗址调查》，《考古》1983 年第 6 期。

[3] 参见《中国文物地图集·四川卷》。

[4] 胡昌钰、孙智彬：《阆中县坪上商周时代遗址》，《中国考古学年鉴》（1990），文物出版社，1991 年。

[5] 李传君：《阆中彭城遗址谜底初显》，《四川日报》2005 年 2 月 4 日。

[6] 四川省文物考古研究院：《2006 年四川省文物考古研究院考古调查勘探试掘取得新成果》，《四川文物》2007 年第 1 期。

[7] 资料未发表。

[8] 资料未发表。

[9] 四川省文物考古研究院、南充市文物管理所、阆中市文物管理所：《四川阆中郑家坝遗址 2011 年发掘简报》，《东方考古》（第 11 集），科学出版社，2014 年。

[10] 资料未发表。

二、调查、勘探和发掘经过

2016 年 6 月，梁山村村民在灵山山腰阶地修建蓄水塘时发现灵山遗址，并使遗址遭到局部破坏。阆中市文物局等相关部门闻讯后，立即派员前往调查，并将调查情况汇报至省级文化行政主管部门和研究单位。四川省文物考古研究院受上级委托，派员前往调查了解情况。从破坏现场剖面，能看到明显的文化层堆积，结合采集到的出土陶、石器，初步判断是一处新石器时代、唐宋至明清时期的遗址，其中的新石器时代遗存，是嘉陵江干流中游重要的新发现，必须进行抢救性发掘。

经逐级申报，四川省文物考古研究院、南充市文物管理所、阆中市文物局组成联合考古队，于 2016 年 9 月至 2017 年 5 月对该遗址开展了调查、勘探和抢救性考古发掘、筛选、浮选和室内资料整理工作。

在野外发掘和室内资料整理过程中，中国社会科学院考古研究所冯时、王仁湘、叶茂林及北京大学考古文博学院孙华、重庆市文化遗产研究院邹后曦、成都文物考古研究院江章华等先生先后到阆中考察、指导。

在室内资料整理临近结束、对灵山遗址考古发现有了初步认识的情况下，四川省文物考古研究院、阆中市委市政府联合邀请中国社会科学院考古研究所、北京大学、重庆市文化遗产研究院、成都文物考古研究所等单位的专家和市相关部门的领导，举办了"阆中市灵山遗址考古发掘专家论证及成果发布会"。

参加调查、勘探和发掘工作的人员有：四川省文物考古研究院孙智彬（领队）、李晓玺、周林，南充市文物管理所唐德兵，阆中市文物局刘富力、张晓峰、李德、杨超、魏晋宁，洛阳市瀍河华都钻探工程处马胜利、张青慈、金建军等，李洪、侯菊、陆松、陈福圣等为本次考古工作提供了全面后勤保障和安全保卫工作（彩版三）。

灵山遗址植物考古由万娇负责，土样由现场考古工作人员采集，浮选工作由张娇娇完成。何高喜、张兴才、罗骏、周宇杰参与了鉴定、录入、拍照和测量工作。

第四节　资料整理与报告编写

一、资料整理

在发掘过程中，完成了探方和遗迹发掘记录，并对发掘出土遗物进行了简单的清洗、处理。在完成野外发掘后，立即开展了室内资料整理。

首先进行发掘资料（文字、图、表、照片等）与收集标本的检查、核对。

其次以探方的地层与地层以及地层与遗迹之间的叠压打破关系为基础，从早及晚，开展陶质、陶色、纹饰和器类的分类、拼对、修复和统计。陶器器类、数量统计到个体，分类标准以口沿为主，适当参考领（颈）、肩、腹、底或足部特征。填写统计表、挑选纹饰标本。

再次进行器物排队，以不同时代为序，开展不同器物种类的分类、统计工作，填写分类统计表、挑选标本。

然后开展石、瓷、铜、铁器等器类的资料整理和分类统计。

最后，挑选绘图标本，进行绘图、制卡；对所绘标本进行图与实物的对照检查与修改，制卡和上墨线图。

进行纹饰标本的拓片工作。

挑选照相标本，开展拍照工作。办理出土遗物的资料移交，整理工作结束。

二、报告编写

在完成室内资料整理的基础上，从 2017 年 6 月开始了本报告的编写。编写时尽可能全面、系统地介绍遗存，以客观地反映遗址的堆积与文化面貌为目的，同时进行适当的分析和总结。

本报告于 2018 年 1 月完成初稿，2018 年 6 月完稿，在征求部分单位专家意见后进行了修改，于 2018 年 7 月定稿。公布资料以本报告为准。

第二章 考古调查和勘探

第一节 考古调查

调查区域主要集中在山腰阶地和山顶台地上。

灵山东南山腰阶地距山顶约40米。西中部较平,向北、东、南三面倾斜,台地南北长约100、东西宽约60米。东及东南面临东河、南及西南面临嘉陵江。地表散见柱础及条石,可采集到明清时期瓦片及瓷片;挖水塘处断面可见厚约2.3米的文化层。在灵山下部崖壁有崖墓分布。

山顶略呈不规则三角形,面积约1000平方米,中部为一近圆形土台,其余部分较平。在土台中部大地测量水泥柱基点北边有一盗洞,深约50厘米,洞底土色灰白,似为烧土灰烬。当地传说为鳖灵坟、八角亭或红军碉堡。

第二节 勘探

在考古调查基础上邀请洛阳市瀍河华都钻探工程处派员对灵山遗址山腰平地南北长约100、东西宽约60米的台地进行了考古勘探。

一、探孔分布

根据考古调查所获灵山遗址的地形地貌特征,我们将平地西南角设为勘探基点,由南向北,由西向东,孔距5米错位布孔(探孔编号前两位数代表X轴号,后两位数代表Y轴号),探孔分布如下(图二;彩版四),勘探面积6000平方米。

1排:从0101~0103、0107~0110,共7孔。

2排:从0201~0212,共12孔。

3排:从0301~0313,共13孔。

4排:从0401~0416,共16孔。

5排:从0501~0517,共17孔。

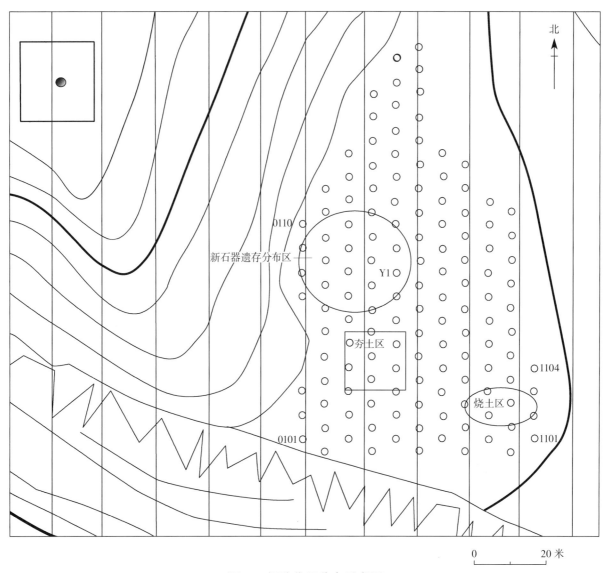

北

新石器遗存分布区

0110

Y1

夯土区

烧土区

0101

0　　　　20 米

1104

1101

图二　探孔位置分布示意图

6 排：从 0601~0618，共 18 孔。

7 排：从 0701~0713，共 13 孔。

8 排：从 0801~0813，共 13 孔。

9 排：从 0901~0911，共 11 孔。

10 排：从 1001~1011，共 11 孔。

11 排：从 1101~1104，共 4 孔。

二、文化层分布及堆积情况

1. 文化层分布

探区的南部从 0108、0207、0306、0503、0804、0902、1101 以南未见文化层，距地表 0.2~0.5

米见生土。

探区的北部从 0313、0413、0512、0711、0911、1010 以北未见文化层，距地表 0.2~0.5 米见生土。

探区的中部从 0109、0208、0307、0404、0604、0704、0903、1002 以北为文化层堆积部分。从 0312、0412、0612、0811、0910、1009 以南为文化层堆积部分。文化层堆积厚度在 0.1~2.3 米之间，分布面积约 1400 平方米。

2. 探孔举例

1002

① 0~0.15 米，耕土层，土色灰褐。

② 0.15~0.35 米，土色浅褐（文化层），包含有石粒、烧土粒，距地表 0.35 米以下见黄色生土。

0309

① 0~0.2 米，耕土层，土色灰褐。

② 0.2~1 米，土色黄灰褐（文化层），包含有碎砂石、烧土粒、瓦片。

③ 1~2.3 米，土色灰黑（文化层），包含有红陶片、炭粒、烧土粒，采集红陶 1 片，距地表 2.3 米以下见黄色生土。

探区的中部为文化层堆积部分，探区中部最高处文化层堆积，从 0605~0611 以西，文化层厚 0.7~2.3 米。

如 0312 文化层深 0.2~0.9 米，厚 0.7 米；0208 文化层深 0.15~1.25 米，厚 1.1 米；0211 文化层深 0.15~2.45 米，厚 2.3 米；只有 0311 文化层深 0.2~0.55 米，厚 0.35 米。

探区中部偏东处地势较低，从 0604、0612、0704~0710 以东，文化层堆积厚 0.1~0.8 米。

如 0612 文化层深 0.2~0.35 米，厚 0.15 米；0604 文化层深 0.2~0.45 米，厚 0.25 米；0805 文化层深 0.2~1 米，厚 0.8 米。

三、遗迹情况

经过勘探，在所在钻探范围内发现遗迹三处，一处为夯土区；一处为 Y1（残）；一处为烧土区（残），现将详细情况叙述如下：

夯土区位于探区中部偏南，主体位置在 0406、0407、0504、0505、0506 处，北距新石器遗存分布区 6 米。夯土深度为西浅东深，开口于①层和②层下，东西长 13~14.8、南北长 8.2~13.5 米，夯土厚度为 0.3~1.5 米，面积约 141 平方米。夯土内见泥质碎青瓦、烧土粒、炭粒。初步判断夯土区为明清时期堆积。

Y1（残）位于探区中部，主体位置在 0508 处，东西长 3.7、南北宽 3.3 米，面积约 12 平方米，距地表 2.35 米见生土，开口于③层下，距地表 0.7 米见红烧土，烧土厚 0.15 米，由于破坏严重，无法卡边定形，初步判断 Y1 为明清时期遗迹。

烧土区位于探区东部，主体位置在 0902、1003 处，东西长约 16.3、南北宽约 8.2 米，时代不明。

四、勘探结论

根据本次勘探所掌握的地层堆积情况和出土遗物分析，探区内文化层分布面积约 1400 平方米左右。中部偏西处上层为明清和唐宋时期地层堆积；下层为新石器时期地层堆积，面积约 500 平方米。

东部和南部为明清时期和唐宋时期地层堆积，内探到泥质青瓦、烧土粒、炭粒、泥质青砖等。

第三章 文化堆积与时代

第一节 探方分布

根据调查和勘探情况，发掘区分为山腰阶地中西部和山顶台地中部。

一、山腰阶地

我们将发掘区规划在遗址的西中部，基点定在新石器时代文化层的西南端，以第一象限覆盖其分布区域；第四象限覆盖南及东部晚期地层分布区。

在第一象限共发掘 5 米 ×5 米探方 11 个，编号 2016LWLT0103、T0202、T0203、T0204、T0205、T0302、T0303、T0304、T0305、T0402、T0502。

在第四象限布 4 米 ×14 米探沟 1 条，编号 2016LWLTG1（图三；彩版五），发掘面积 331 平方米。

二、山顶台地

山顶台地处对近圆形土台进行了解剖发掘，圆形土台直径约 6 米 ×6 米，面积约 36 平方米（图四；彩版六）。

发掘总面积 367 平方米（以下叙述省略 2016LWL）。

第二节 地层堆积

一、山腰阶地

以 T0202-0205 西壁（图五；彩版七，1）、T0202-0502 南壁（图六；彩版七，2）为典型剖面，摘要介绍 T0203、T0302 的地层堆积情况。

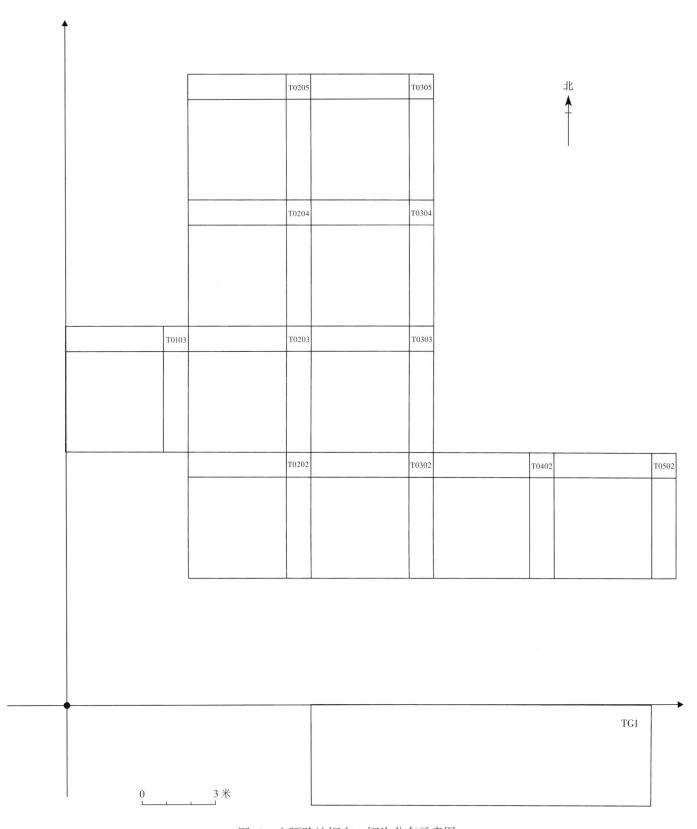

图三　山腰阶地探方、探沟分布示意图

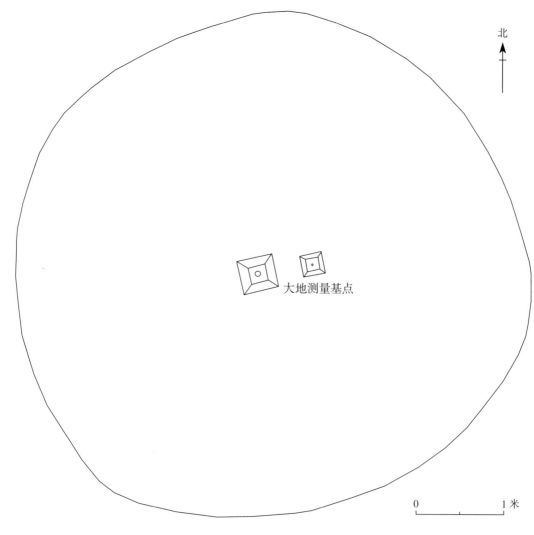

图四　山顶台地发掘区平面图

1. T0203

第①层：耕土层，厚15~25厘米。土质较软，结构疏松，土色灰褐色。包含大量植物根系、碎石等。该层水平分布全方，被现代坑打破，H1开口于此层下。出土少量碎陶瓷片，共收集1袋，多为青花瓷片。

第②层：距地表深15~25厘米，厚10~25厘米。土质为沙黏土，稍硬，较疏松，土色黄褐色。其内包含少量植物根茎，无器物出土。此层水平分布于本方西部和西北角，在东部被H1和现代坑打破。

第③层：距地表深15~40厘米，厚30~50厘米。土质为粗砂土，稍软，较疏松，土色浅黄褐色。其内包含少量植物根茎和陶片。出土陶片1袋，陶质坚硬，无纹饰，为罐等大型器物的碎片。该层呈波状分布于探方西部，在东部和西南角被H1和现代坑打破。

第④层：距地表深35~90厘米，厚5~30厘米。土质为细砂土，稍软，疏松，土色浅灰色。

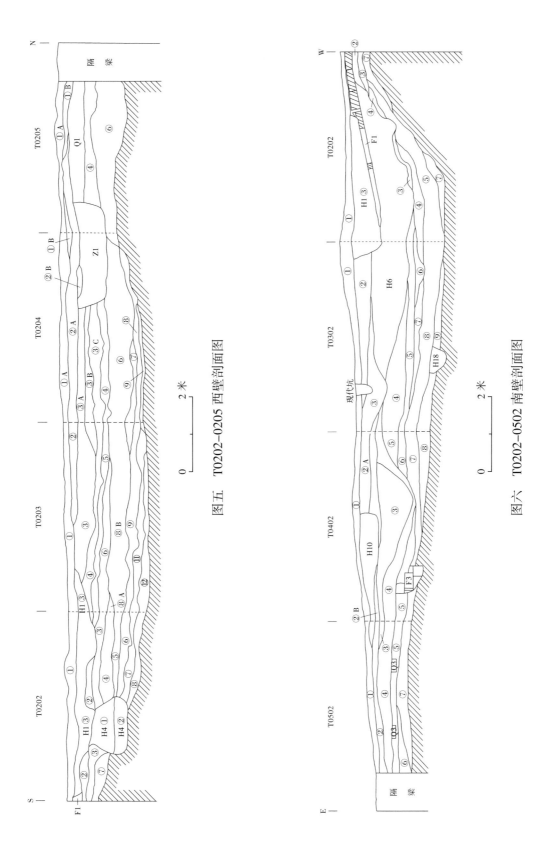

图五　T0202－0205 西壁剖面图

图六　T0202－0502 南壁剖面图

包含极少量植物根茎和少量陶片。共出土陶片 1 袋，陶片质地坚硬，无纹饰；陶构件 1 件，呈四边形，中间有孔，应为一建筑部件。此层南高北低，成坡状分布于本方西部，在东部被 H1 和现代坑打破。此层在本方距离西壁 50 厘米处出现一宽约 10、长约 250 厘米的裂缝，裂缝内为③层堆积。在裂缝两边形成东高西低的堆积状况。

第⑤层：距地表深 40~110 厘米，厚 5~20 厘米。土质为黏土，稍硬，较致密，土色深黄色。包含极少量植物根茎。出土铁片 1 块。此层南高北低，成坡状分布于本方西部，在东部被 H1 和现代坑打破。此层在本方距离西壁 50 厘米处出现一宽约 10、长约 250 厘米的裂缝，裂缝内为③层堆积。在裂缝两边形成东高西低的堆积状况。

第⑥层：距地表深 45~125 厘米，厚 10~30 厘米。土质为沙黏土，稍硬，较致密，土色黄灰褐色。包含零星红烧土粒和大量陶片。共出土陶片 3 袋，有夹砂红陶和泥质红陶，无可辨器形，多素面，部分饰有绳纹；石器 1 件，打制；其他标本（石料）1 袋。该层波状分布于本方西部，在东部被 H1 和现代扰坑打破。此层在本方距离西壁 50 厘米处出现一宽约 10、长约 250 厘米的裂缝，裂缝内为③层堆积。在裂缝两边形成东高西低的堆积状况。

第⑦层：距地表深 70~75 厘米，厚 25~35 厘米。土质为沙黏土，较硬，致密，土色深黑色。包含大量红烧土粒和少量陶片。共出土陶片 2 袋，有夹砂红陶和泥质红陶，无可辨器形，可辨纹饰有少量绳纹；其他标本（石料）1 袋。此层只水平分布于本方北部中间。D5 开口于此层下。

第⑧A 层：距地表深 105~110 厘米，厚 0~25 厘米。土质为沙黏土，稍硬，较致密，土色红黄褐色。无包含物，无遗物出土。此层水平分布于本方西南角，在东部被 H1 打破。

第⑧B 层：距地表深 75~120 厘米，厚 25~60 厘米。土质为沙黏土，稍硬，较致密，土色深褐色。包含大量红烧土粒和少量陶片。共出土陶片 2 袋，有夹砂红陶和泥质红陶，无可辨器形，可辨纹饰有绳纹、附加堆纹等；小件（石矛）1 件，残损严重，打磨较好；其他标本（石料）1 袋。该层波状分布于本方西部、北部和东北部，在南部和东部被 H1 和现代坑打破。此层在本方距离西壁 50 厘米处出现一宽约 10、长约 250 厘米的裂缝，裂缝内为③层堆积。在裂缝两边形成东高西低的堆积状况。

第⑨层：距地表深 135~180 厘米，厚 10~30 厘米。土质为沙黏土，较硬，较致密，土色灰黑色。包含大量红烧土粒和陶片。共出土陶片 4 袋，有夹砂红陶和泥质红陶，可辨器形有盆、罐、瓮等，可辨纹饰有绳纹、附加堆纹和乳丁纹；小件 5 件；其他标本（石料）1 袋。该层波状分布于本方西部，在东北部被⑧B 层叠压，在东部和南部被 H1 和现代坑打破。此层在本方距离西壁 50 厘米处出现一宽约 10、长约 255 厘米的裂缝，裂缝内为③层堆积。在裂缝两边形成东高西低的堆积状况。

第⑩层：距地表深 150~175 厘米，厚 5~35 厘米。土质为沙黏土，稍硬，较致密，土色浅灰黄色。包含零星红烧土粒和少量陶片。共出土陶片 2 袋，多为夹砂灰陶和泥质灰陶，可辨器形有盆、罐、瓮等，可辨纹饰有绳纹、附加堆纹和乳丁纹。该层西北高东南低，坡状分布于本方东北部和东部，在南部被 H1 打破，在中部被现代坑打破。

第⑪层：距地表深 160~210 厘米，厚 5~30 厘米。土质为沙黏土，较硬，致密，土色深黄灰色。包含零星红烧土粒和大量陶片。共出土陶片 4 袋，多为夹砂灰陶和泥质灰陶，可辨器形有盆、罐、瓮等，可辨纹饰有绳纹、乳丁纹和附加堆纹；小件 1 件。该层坡状分布于本方西部、北部，在南部被 H1 打破，在中部被现代坑打破，Z3、H11 开口于此层下。

第⑫层：距地表深 175~220 厘米，厚 0~30 厘米。土质为沙黏土，稍硬，较致密，土色青灰色。包含极少量陶片。共出土陶片 2 袋，多为夹砂灰陶和泥质灰陶，无可辨器形，可辨纹饰有绳纹和附加堆纹；小件 2 件；其他标本（石料）1 袋。该层水平分布于本方西部，在南部被 H1、H11 和现代坑打破。

第⑫层下为深黄色生土。

2. T0302

第①层：耕土层，厚 18~30 厘米。土质为沙黏土，较软，疏松，土色灰褐色。该层南高东低，坡状分布全方。包含大量植物根系、碎石、碎瓦等。出土零星陶瓷片 2 袋，泥质素面硬陶、青花釉瓷片，可见花卉纹饰，可辨器形有碗、罐、杯等。H1 开口于此层下。

第②层：距地表深 18~30 厘米，厚 0~50 厘米。土质为沙黏土，较软，疏松，土色浅褐色。包含较多碎砂石粒、零星炭粒等。无出土物。该层东薄西厚，西北部被 H1 打破，坡状分布探方东南部。

第③层：距地表深 30~80 厘米，厚 0~50 厘米。土质为沙黏土，较软，疏松，土色黄灰色。包含零星碎瓦、较多碎砂石粒等。出土陶片 1 袋，有泥质灰陶和红褐硬陶，多为素面，可见印团花纹饰，可辨器形有碗、罐等。该层于南壁部分缺失、西北部被 H1 打破，坡状分布探方东南部。Q2、H6 开口于此层下。

第④层：距地表深 50~80 厘米，厚 0~60 厘米。土质为沙黏土，较硬，较致密，土色浅灰褐色。包含少量红烧土粒、炭粒、碎瓦等。出土陶片 2 袋，泥质灰色素面硬陶，零星有灰白色陶衣，可辨器形有碗、罐等；另出土铜钎、石矛各 1 件，残，石矛石质较差，磨制；铁片标本 1 袋。该层西北部被 H1 打破、西南部被 H6 打破，北高南低，坡状分布探方东南部。

第⑤层：距地表深 95~180 厘米，厚 0~30 厘米。土质为沙黏土，较软，疏松，土色深灰色。包含零星烧土粒、炭粒。出土陶片 2 袋，多为夹砂红褐陶，少量泥质灰陶，可见网格纹、绳纹、镂孔纹饰，可辨器形有罐等；石料 1 袋。该层西北部被 H1 打破，北高南低，坡状分布探方东南部。

第⑥层：距地表深 110~200 厘米，厚 0~25 厘米。土质为沙黏土，稍硬，较致密，土色黄灰褐色。包含少量红烧土粒、炭粒等。出土陶片 2 袋，多为夹砂红褐陶，少量泥质灰陶，可见有网格纹、绳纹，可辨器形有罐、瓮等；另出土穿孔石器 2 件，残，器形小，双面穿孔；石料 1 袋。该层于东、西壁缺失，呈波状分布于探方东部、西南部。

第⑦层：距地表深 110~210 厘米，厚 0~30 厘米。土质为沙黏土，稍硬，较致密，土色红黄褐色。包含较多红烧土粒、炭粒，少量碎砂石粒等。出土陶片 4 袋，夹砂红褐陶、泥质灰陶均较多，可见有网格纹、绳纹，可辨器形有罐、盆等；小件石矛1件，器形小，较完整，材质较好，磨制；石片2袋。该层西北部被H1打破，北高南低，除西北角外呈坡状分布于探方。

第⑧层：距地表深122~227厘米，厚33~63厘米。土质为沙黏土，稍硬，较致密，土色深褐色。包含较多红烧土粒、炭粒等。共出土陶片5袋，夹砂红褐陶、泥质灰陶均较多，可见有网格纹、绳纹、刻划纹，可辨器形有罐、钵等；小件石矛、石坯各1件，器形小，材质差；其他石质标本4袋。该层北高南低，呈坡状分布全方。H12、H13、H14、H18、D1开口于此层下。

第⑨层：距地表深152~290厘米，厚0~33厘米。土质为沙黏土，较硬，致密，土色深黄灰色。包含少量红烧土粒、炭粒和零星碎砾石等。出土陶片3袋，多为夹砂红褐陶，可见有网格纹、刻划纹，可辨器形有罐、瓮等；石片1袋。该层于南、西壁部分缺失，除西南角外呈坡状分布全方。H16、H17、H20、H23开口于此层下。

第⑨层下为深黄色生土。

二、山顶台地

山顶土台我们按照解剖封土的方法进行清理。以土台中部靠东面大地测量水泥柱基点为中心点拉南北、东西两条基线，将整个土台分为4个部分，先解剖西北和东南各1/4至烧土遗迹表面，绘制剖面图后，再清理东北和西南各1/4，全面暴露烧土遗迹和活动面后，绘制平面图（图七）。

第①层：堆填层，厚0~50厘米。土质为黏土，较软，疏松，土色灰褐色。该层高于周边地表，坡状分布全遗迹。包含大量植物根系、碎石、碎瓦等。出土陶、瓷片1袋，有泥质灰陶片、青花釉白瓷胎瓷片，可辨器形有碗、盘等；其他标本铁钉1袋；石质功德碑1件，残，碑面上阴刻行楷碑文，碑首可见"万善"二字，另可见"灵山""棋盘"等字样。该层下发现石砌台基遗迹1处。

第②层：距地表深0~50厘米，厚5~8厘米。土质较软，含沙黏土，疏松，土色浅褐色。包含较多动物甲壳、零星炭粒等。该层水平状较均匀分布全遗迹。收集测试土样1袋。

该层下发现三团用火痕迹和活动面。

遗迹下为深黄色生土和紫红色泥岩。

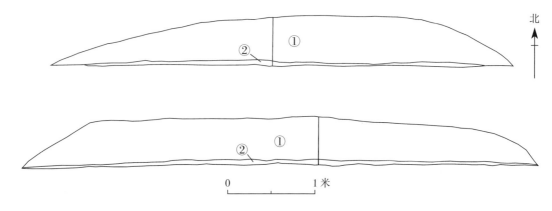

图七 山顶台地发掘区剖面图

总体而言，本遗址的文化层堆积形态大致呈水平状。在山腰阶地处，T0204 南壁西南部② B 层下至 T0203 北壁西北部到西壁南部②层下，西部文化层约有 30 厘米由东向西的断崖式塌陷，应为明代前后地震或其他地质灾害造成。生土层表呈北向南、南向北、西向东倾斜，在 T0204 南部和 T0203 底部略呈凹地。

第三节　典型探方地层与地层、遗迹间的叠压打破关系

一、T0203

①—H1 →②—③—④—⑤（F4）—⑥—⑦—D5 →⑧ A—⑧ B—⑨—⑩—⑪—Z3 → H11 →⑫—生土（"—"表示叠压，"→"表示打破）。

二、T0302

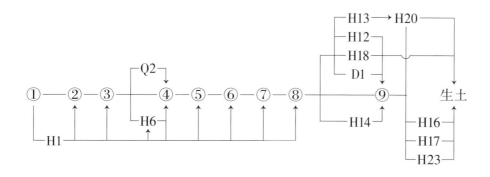

第四节　地层对应情况及时代

山腰阶地各探方地层数 5~13 层不等，未统一地层，只是打隔梁进行了地层对应，并根据包含物特征，进行了时代判定（表一）。

第五节　地层与遗迹单位分组

根据地层叠压与遗迹间打破关系以及地层与遗迹单位出土遗物的质地、组合、形制特征变化关系为序，我们将灵山遗址的文化堆积从早到晚分为以下若干组：

第 1 组：有 T0103 ⑬、T0202 ⑧、T0203 ⑫、T0204 ⑨层。

第 2 组：有 T0103 ⑫、T0202 ⑦、T0203 ⑪、T0302 ⑨、T0303 ⑦、T0402 ⑧层以及开口于其

表一 地层对应表

序号	T0103	T0202	T0203	T0204	T0205	T0302	T0303	T0304	T0305	T0402	T0502	时代
1	①	①	①	①A	①A	①	①	①	①A	①	①	
2				①B	①B				①B			现代
3		②										
4		③										近代
5								②	②			
6						②	②	③	③			
7						③				②A		
8										②B	②	清代
9										③	③	
10		④										
11		⑤										
12	⑥											
13	⑦	②	②	②A	②							明代
14				②B								
15	⑧		③	③A	③							
16										④	④	
17				③B								
18	⑨		④	③C								唐宋
19	⑩		⑤	④	④							
20										⑤	⑤	
21						④	③	④	④		⑥	
22						⑤				⑥		
23		③	⑥			⑥	④		⑤			
24			⑦	⑤								
25		④	⑧A			⑦	⑤					
26	⑪	⑤	⑧B	⑥	⑤	⑧	⑥	⑤		⑦	⑦	新石器时代晚期
27				⑦	⑥							
28		⑥	⑨	⑧								
29			⑩									
30	⑫	⑦	⑪			⑨	⑦			⑧		
31	⑬	⑧	⑫	⑨								

下的 H11、H16、H17、H19、H20、H23、Z3。

第 3 组：只有 T0203 ⑩层。

第 4 组：有 T0202 ⑥、T0203 ⑨、T0204 ⑧层以及开口于其下的 H15。

第 5 组：有 T0204 ⑦、T0205 ⑥层。

第 6 组：有 T0103 ⑪、T0202 ⑤、T0203 ⑧ B、T0204 ⑥、T0205 ⑤、T0302 ⑧、T0303 ⑥、T0304 ⑤、T0402 ⑦、T0502 ⑦层以及开口于其下的 H12~H14、H18、H22 和 D1。

第 7 组：有 T0202 ④、T0203 ⑧ A、T0302 ⑦、T0303 ⑤层。

第 8 组：有 T0203 ⑦、T0204 ⑤层以及开口于其下的 H8、D5。

第 9 组：有 T0202 ③、T0203 ⑥、T0302 ⑥、T0303 ④、T0305 ⑤层以及开口于其下的 H7、D4。

第 10 组：有 T0302 ⑤、T0402 ⑥层。

第 11 组：有 T0103 ⑧ ~ ⑩、T0203 ③ ~ ⑤、T0204 ③ A~ ④、T0205 ③、T0205 ④、T0302 ④、T0303 ③、T0304 ④、T0305 ④、T0402 ④、T0402 ⑤、T0502 ④ ~ ⑥层以及开口于其下的 F2~F4、H6、H9、H21、Q3、D2、D3，TG1 ③层下 F5。

第 12 组：有 T0103 ④ ~ ⑦、T0202 ②、T0203 ②、T0204 ② A、T0204 ② B、T0205 ②、T0302 ②、T0302 ③、T0303 ②、T0304 ③、T0305 ③、T0402 ② A、T0402 ② B、T0402 ③、T0502 ②、T0502 ③层以及开口于其下的 H4、H5、Z1、Z2、Q1、Q2，开口于山顶台地①层下的 F6。

第 13 组：有 T0103 ① ~ ③、T0202 ①、T0203 ①、T0204 ① A、T0204 ① B、T0205 ① A、T0205 ① B、T0302 ①、T0303 ①、T0304 ①、T0304 ②、T0305 ① A~ ②、T0402 ①、T0502 ①层以及开口于其下的 F1、H1~H3、H10。

其中，第 1~10 组为新石器时代晚期遗存，第 11 组为唐宋遗存，第 12 组为明清遗存，第 13 组为近现代遗存。

第四章　新石器时代晚期遗存

第一节　概　述

一、山腰阶地

各探方都有 1~8 层不等的新石器时代晚期遗存，主要为文化层以及开口于其下的灰坑、柱洞、灶等遗迹（图八）。

具体有：T0103 ⑪~⑬层；T0202 ③~⑧层，开口于③层下的 D4 以及开口于⑦层下的 H19；T0203 ⑥~⑫层，开口于⑦层下 D5 以及开口于⑪层下的 Z3、H11；T0204 ⑤~⑨层，开口于⑤层下 H8 以及开口于⑧层下 H15；T0205 ⑤、⑥层；T0302 ⑤~⑨层，开口于⑧层下 H12~H14、H18、D1 以及开口于⑨层下 H16、H17、H20、H23；T0303 ④~⑦层，开口于④层下的 H7；T0304 ⑤层；T0305 ⑤层；T0402 ⑥~⑧层，开口于⑦层下的 H22；T0502 ⑦层。

二、山顶台地

仅有燎祭遗迹为新石器时代遗存。

三、遗迹

1. 灰坑

14 个，H7、H8、H11~H20、H22、H23（附表一）。根据口径与腹径大小的区别可分甲、乙、丙三类。

甲类　口小腹大的袋形坑。H7、H15。

乙类　口、腹相等的桶形坑。H14。

丙类　口大腹小、底小。依口部平面形状不同分三型。

A 型　口平面呈椭圆或近椭圆形。依坑壁形态差异分两亚型。

Aa 型　坑壁弧或斜弧。H11、H12、H17、H20。

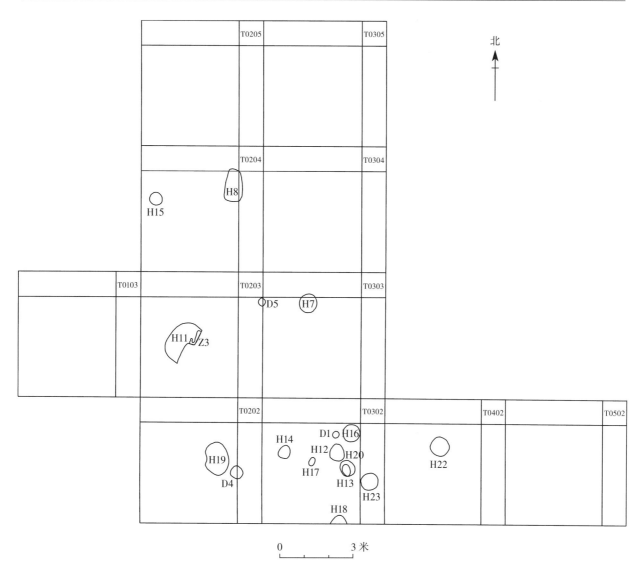

图八　山腰阶地新石器时代晚期遗迹总平面图

Ab 型　坑壁异形。H13、H19。

B 型　口平面呈圆形。依坑壁形态差异分三亚型。

Ba 型　坑壁弧或斜弧。H22、H23。

Bb 型　坑壁斜直。H16。

Bc 型　坑壁异形。H18。

C 型　口平面呈圆角三角形。H8。

2. 柱洞

3 个，D1、D4、D5。

3. 灶

1 个，Z3。

4.燎祭遗迹

1个。

四、遗物

出土遗物主要为陶器、石器，动物骨骼仅发现1片。

1.陶器

（1）特征

陶质有夹砂和泥质两类，陶质大致经历了从早到晚，夹砂陶数量从多到少，再由少到多，泥质陶数量从无到有、从少到多又由多到少的变化过程。夹砂陶多羼和石英颗粒，根据羼和石英颗粒的大小，可分为夹粗砂与夹细砂两种。陶色主要有红、黑、灰、褐、灰褐、黄褐等，大多陶色不匀。纹饰多绳纹（图九）、附加堆纹、戳印纹、划纹、弦纹、乳丁、镂孔、贴塑等（图一〇），以及前述2种以上组成的复合纹（图一一、图一二）。绳纹由细向粗变化，多交错拍印成方格形或菱形，在附加堆纹上也多按压绳纹；戳印纹有线、点、圈3种形态；划纹可分线形与波浪形；弦纹可分为凹、凸2种。陶器火候一般，早期火候较低。制法多轮制或手制轮修，部分手制，高领瓮多口领、腹、底分制后套接。器类以瓮、罐为主，盆、盘、钵、器盖次之，缸、纺轮较少。

（2）分类

灵山遗址出土陶器种类较少，按总体形态特征的差别可分为瓮、罐、盆、盘、钵、器盖、缸、纺轮等。有型式变化的陶器种类分类标准如下。

高领瓮 依沿部卷、折的差别分两型。

A 型 卷沿。依沿下角的大小分三式。

Ⅰ式 沿下角大。

Ⅱ式 沿下角较大。

Ⅲ式 沿下角小。

B 型 折沿。依沿的宽窄分两亚型。

Ba 型 宽沿。依沿下角的大小分两式。

Ⅰ式 夹角小。

Ⅱ式 夹角大。

Bb 型 窄沿。

有肩罐 依肩的宽窄分三型。

A 型 宽肩。

B 型 窄肩。

C 型 微有肩。

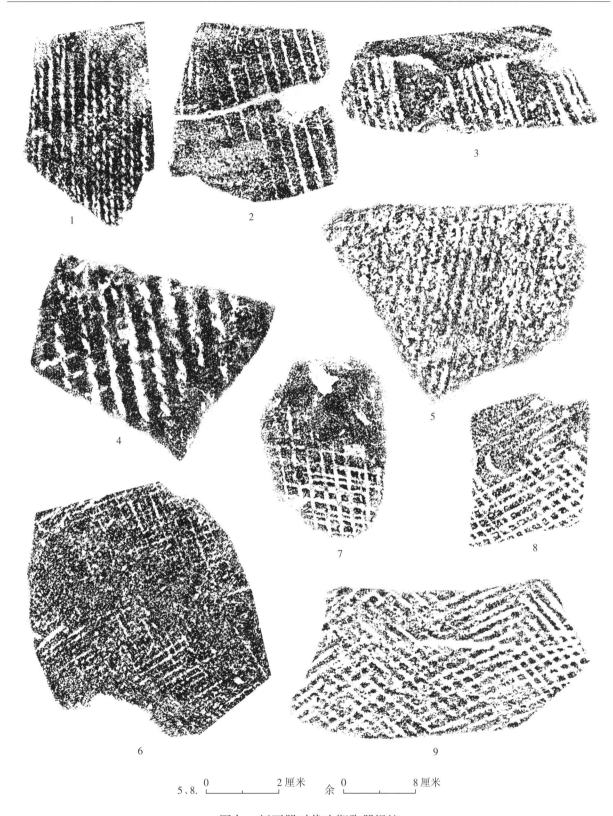

图九 新石器时代晚期陶器绳纹

1~3.细绳纹（T0202 ⑦：20、T0203 ⑪：37、T0204 ⑧：6） 4、5.绳纹（T0203 ⑨：45、T0203 ⑩：11） 6、7.方格
形绳纹（T0203 ⑩：10、T0202 ⑦：22） 8、9.菱形绳纹（T0203 ⑥：48、T0203 ⑨：42）

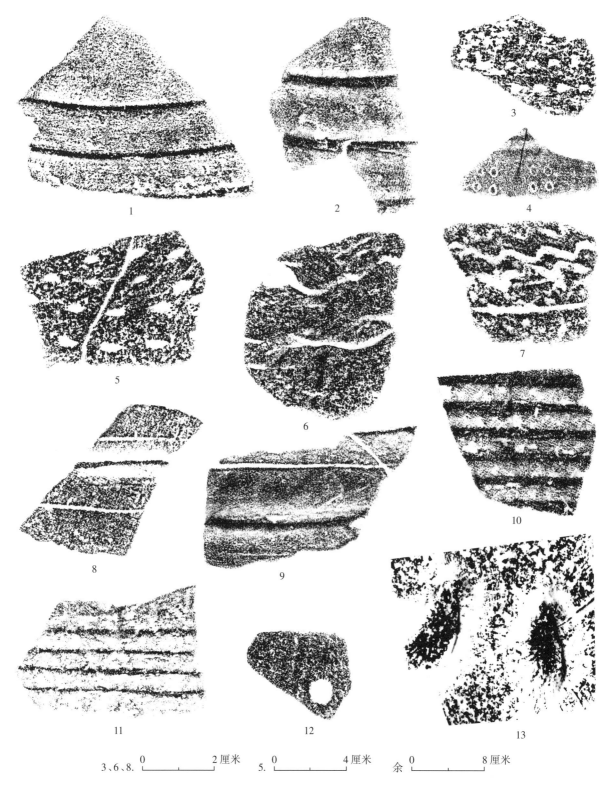

3、6、8. |0————2厘米   5. |0————4厘米   余 |0————8厘米

图一〇　新石器时代晚期陶器纹饰

1、2. 附加堆纹（T0103 ⑫：16、T0203 ⑩：13）　3~5. 戳印纹（T0303 ⑥：63、T0203 ⑧：23、T0204 ⑤：14）　6、7. 划纹（T0203 ⑫：28、T0203 ⑦：11）　8~11. 凹凸弦纹（T0203 ⑫：34、T0203 ⑦：47、T0402 ⑥：24、T0203 ⑩：14）
12. 镂孔（T0203 ⑥：59）　13. 贴塑（T0203 ⑧：15）

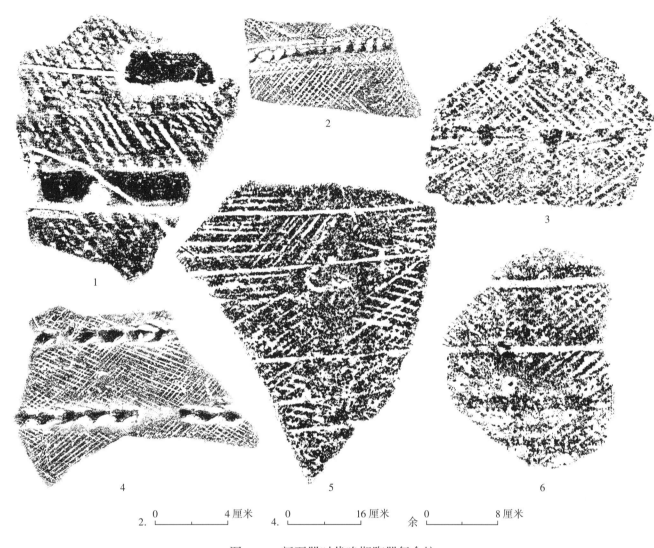

图一一　新石器时代晚期陶器复合纹

1. 绳纹 + 凹弦纹 + 附加堆纹（T0303 ⑦：20）　2、3. 方格形绳纹 + 附加堆纹 + 戳印纹（T0203 ⑧：39、T0203 ⑫：39）
4. 菱形绳纹 + 附加堆纹（T0203 ⑪：26）　5、6. 菱形绳纹 + 凹弦纹（T0203 ⑨：43、T0204 ⑦：37）

高领罐　依沿的卷折分两型。

A 型　折沿。依沿的宽窄分两式。

Ⅰ式　窄沿。

Ⅱ式　宽沿。

B 型　卷沿。依沿下角的大小分两亚型。

Ba 型　夹角小。

Bb 型　夹角大。

窄折沿罐　依沿下角的大小分两式。

Ⅰ式　夹角大。

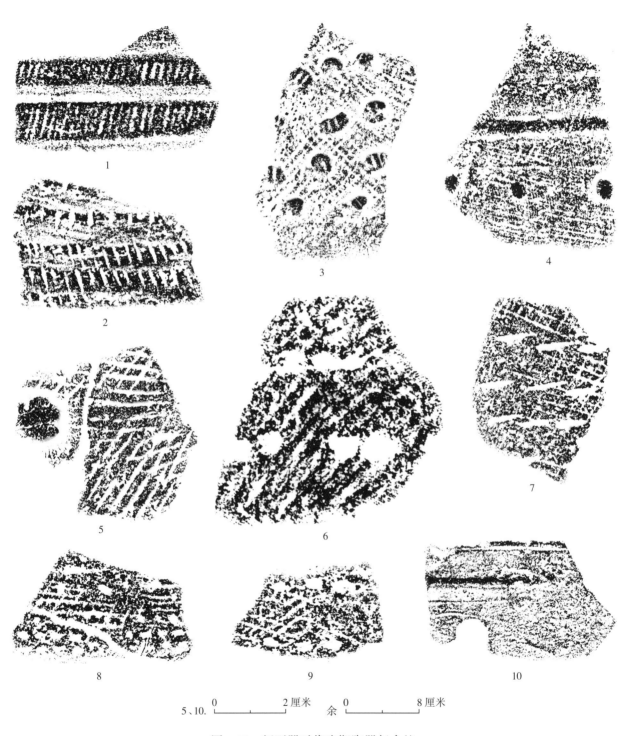

图一二　新石器时代晚期陶器复合纹

1. 附加堆纹＋绳纹（T0203 ⑪：47）　2. 附加堆纹＋划纹（T0402 ⑧：6）　3. 方格形绳纹＋乳丁（T0203 ⑫：20）
4. 方格形绳纹＋乳丁＋附加堆纹（T0203 ⑪：36）　5. 菱形绳纹＋乳丁（T0203 ⑫：35）　6. 绳纹＋戳印纹（T0103
⑫：29）　7、8. 方格形绳纹＋戳印纹（T0203 ⑫：14、T0303 ⑦：7）　9. 菱形绳纹＋戳印纹（T0202 ⑦：25）　10. 凹
凸弦纹＋镂孔（T0103 ⑪：33）

Ⅱ式　夹角小。

小侈口罐　依沿的卷折分两型。

A 型　卷沿。

B 型　折沿。

小直口罐　依沿的有无分两型。

A 型　无沿。

B 型　卷沿。

折沿盆　依沿的宽窄分两型。

A 型　宽沿。依腹部形态差别分两式。

Ⅰ式　弧腹。

Ⅱ式　折腹。

B 型　窄沿。依腹部形态差别分两式。

Ⅰ式　弧腹。

Ⅱ式　折腹。

卷沿盆　依腹部形态差别分两式。

Ⅰ式　弧腹。

Ⅱ式　折腹。

纺轮　依整体形态差别分四型。

A 型　算珠形。

B 型　圆饼形。

C 型　截面凸台形。

D 型　陶圆片。

2. 石器

出土石料和打制、磨制石器 130 余件。石料全为江边砾石。打制石器种类主要为砍砸器、刮削器、条形器及碎石片；磨制石器主要有斧、锛、凿、杵、刀、矛、石球及砺石等。有型式变化的石器种类分类标准如下：

斧　依斧体厚薄分两型。

A 型　体厚。

B 型　体薄。

锛　依整体大小分两型。

A 型　体形较大。

B 型　体形较小。

刀　依有无穿孔分两型。

A 型　无穿孔。

B 型　有穿孔。

第二节　分组介绍

因为各组出土遗物存在陶质、陶色、纹饰以及器物组合和形制特征的变化，我们分组介绍如下（山顶燎祭遗迹由于没有出土遗物，无法判定组别，所以放在第 10 组后进行介绍）。

一、第 1 组

有 T0103 ⑬、T0202 ⑧、T0203 ⑫、T0204 ⑨层 4 个地层单位。

1. 陶器

（1）陶系

上述文化层中，T0202 ⑧层无出土遗物；T0204 ⑨层仅出夹粗砂褐陶和夹细砂黑陶菱形绳纹罐腹片各 1 件；T0103 ⑬层出土陶器 16 件，全为夹砂陶，夹粗砂占 43.75%，夹细砂占 56.25%，器类全为陶罐。以 T0203 ⑫层为典型单位介绍如下：

T0203 ⑫层　出土遗物全为陶器，共 78 件。

陶质全为夹砂，可分为夹粗砂与夹细砂两种，以夹细砂为主，占 58.97%，夹粗砂占 41.03%。陶色以灰褐陶为主，占 37.18%，次为红陶，占 28.21%，黑陶和褐陶各占 16.67% 和 14.10%，灰陶最少，占 3.85%。器表以纹面为主，占 56.41%，素面占 43.59%。纹饰以绳纹为主，占 29.49%，可细分为菱形绳纹占 10.26%，细绳纹占 8.97%，方格形绳纹占 6.41%，粗绳纹占 3.85%。次为复合纹，占 20.51%。凸弦纹和划纹较少，仅各占 3.85% 和 2.56%。器类主要为罐，占 64.10%，次为瓮，占 15.38%，盆、钵、器盖较少，各占 2.56%、1.28%、3.85%。因陶片较小，不能辨别器物种类的不明器占 12.82%（表二）。

表二　T0203 ⑫层出土陶器统计表

陶质	夹粗砂							夹细砂							合计	百分比（%）
陶色	红	黑	灰	褐	灰褐	小计	百分比（%）	红	黑	灰	褐	灰褐	小计	百分比（%）		
粗绳纹	1					1	1.28	2					2	2.56	3	3.85
细绳纹	2				2	4	5.13	2				1	3	3.85	7	8.97
方格形绳纹		1			1	2	2.56		1			2	3	3.85	5	6.41
菱形绳纹	2	1			3	6	7.69				1	1	2	2.56	8	10.26

续表二

陶质	夹粗砂							夹细砂							合计	百分比（%）
陶色	红	黑	灰	褐	灰褐	小计	百分比（%）	红	黑	灰	褐	灰褐	小计	百分比（%）		
复合纹	2	2		2	2	8	10.26	1		1	2	4	8	10.26	16	20.51
凸弦纹												3	3	3.85	3	3.85
划纹		1				1	1.28				1		1	1.28	2	2.56
素面	3	1	2	2	2	10	12.82	7	6		3	8	24	30.77	34	43.59
合计	10	6	2	4	10	32	41.03	12	7	1	7	19	46	58.97	78	100.00
百分比（%）	12.82	7.69	2.56	5.13	12.82	41.03		15.38	8.97	1.28	8.97	24.36	58.97		100.00	
瓮	2							3			1	5			12	15.38
罐	8	6	2	4	9			4	3	1	6	7			50	64.10
盆												2			2	2.56
钵								1							1	1.28
器盖		1						2							3	3.85
不明器								2	3				5		10	12.82

（2）器类

第1组出土陶器共96件，可辨识器物种类和进行分类的陶器25件，挑选标本15件。

高领瓮　1件。A型Ⅰ式。

标本T0203⑫：7，夹细砂灰褐陶，局部泛黑，红胎。素面。侈口，卷沿，圆唇，残。轮制，火候较低。口径32、残高5厘米（图一三，1）。

瓮形器　2件。

标本T0203⑫：5，夹细砂红陶，局部泛黄，黑胎。唇部施戳印纹，器表施细划纹。侈口，方唇，残。手制、轮修。火候较低。残长9.5、残高5厘米（图一三，2）。

标本T0203⑫：6，夹细砂红陶，泛黄，黑胎。唇部施戳印纹，器表施划纹。侈口，方唇，残。手制、轮修。火候较低。残长9、残高5厘米（图一三，3）。

缸　1件。

标本T0203⑫：4，夹细砂红陶，局部泛黄，内壁红色，黑胎。沿下施三道细划纹。敞口，方唇，残。手制、轮修。火候较低。残长10、残高6厘米（图一三，4）。

宽折沿罐　1件。

标本T0203⑫：8，夹细砂红陶，内壁局部泛黑，红胎。唇部施戳印纹，器表施划纹。敞口，

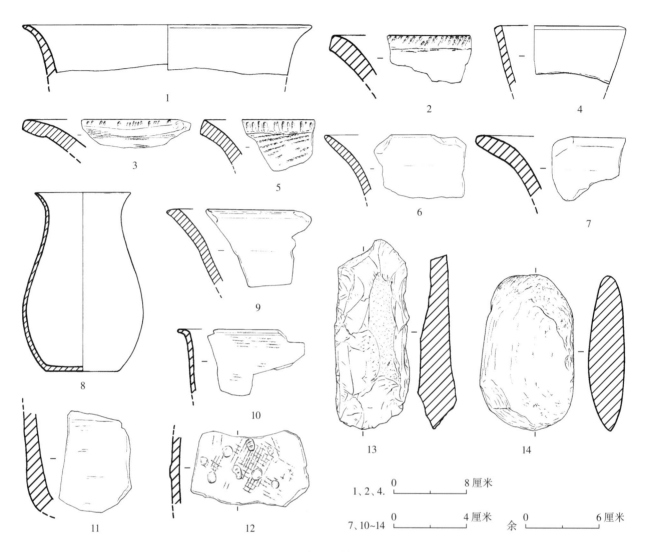

图一三　新石器时代晚期第 1 组陶器、石器

1. A 型 I 式高领陶瓮（T0203 ⑫：7）　2、3. 陶瓮形器（T0203 ⑫：5、6）　4. 陶缸（T0203 ⑫：4）　5. 宽折沿陶罐（T0203 ⑫：8）　6、7. 宽卷沿陶罐（T0203 ⑫：9、12）　8. A 型小侈口陶罐（T0203 ⑫：3）　9. I 式卷沿陶盆（T0203 ⑫：18）　10. A 型 I 式折沿陶盆（T0103 ⑬：2）　11. 陶杯（T0203 ⑫：19）　12. 陶器盖（T0203 ⑫：20）　13. 石斧坯（T0203 ⑫：1）　14. A 型石锛（T0203 ⑫：2）

方唇，残。轮制，火候较低。残长 6、残高 4 厘米（图一三，5）。

宽卷沿罐　4 件。

标本 T0203 ⑫：9，夹细砂红陶，局部黄褐，黄胎。素面。侈口，卷沿，圆唇，残。轮制，火候较低。残长 7.5、残高 5 厘米（图一三，6）。

标本 T0203 ⑫：12，夹粗砂红陶，内壁黑色，灰黄胎。素面。侈口，卷沿，圆唇，残。轮制，火候低。残长 4.2、残高 3.2 厘米（图一三，7）。

高领罐　1 件。Ba 型。

标本 T0103 ⑬：1，夹细砂黑陶，泛灰，内壁灰色，黄褐胎。素面。喇叭口，沿微外下卷，圆唇，高领，残。轮制，火候较低。残长 4.6、残高 2.5 厘米（彩版八，1）。

小侈口罐　3 件。

A 型　2 件。

标本 T0203 ⑫：3，夹粗砂红褐陶，局部泛灰、黑色，胎、内壁黑。腹部施附加堆纹（局部脱落）。侈口，卷沿，尖圆唇，鼓腹，平底，修复。口径 8、腹径 10.3、底径 5.8、高 13.8 厘米（图一三，8；彩版八，2）。

B 型　1 件。

标本 T0103 ⑬，因碎小只给单位号，未给具体编号，下同。

罐底　5 件。标本碎小。

卷沿盆　1 件。Ⅰ式。

标本 T0203 ⑫：18，夹细砂黄褐陶，红胎。外沿下施凹弦纹一道。敞口，卷沿，圆唇，弧腹，残。轮制，火候低。残宽 8.8、残高 6 厘米（图一三，9）。

折沿盆　1 件。A 型Ⅰ式。

标本 T0103 ⑬：2，夹细砂褐陶，泛黄褐，内壁黑色，灰胎。沿下施横向细划纹。口微敞，折沿，圆唇，腹微弧，残。轮制，火候低。残宽 5.4、残高 3.5 厘米（图一三，10）。

敛口钵　1 件。标本碎小。

杯　1 件。

标本 T0203 ⑫：19，夹细砂红陶，内壁黑，黄胎。器表施细划纹。直口，圆唇，残。手制，火候较低。残宽 3.6、残高 6 厘米（图一三，11）。

器盖　3 件。

标本 T0203 ⑫：20，夹粗砂黑陶，局部泛黄。器表先施方格形绳纹，再施乳丁纹。敞口，尖唇，残。轮制，火候较低。残长 6.5、残宽 3.8 厘米（图一三，12）。

标本 T0203 ⑫：21，夹细砂红陶，内壁局部泛黑，黑胎。素面。敞口，圆唇，圆周至圆心逐渐上翘，残。手制，火候较低。残长 5.3、残宽 3.5 厘米（彩版八，3）。

2. 石器

出土石器很少，仅石料 2 件、石片 1 件、斧坯 1 件、锛 1 件，共 5 件。

斧坯　1 件。

标本 T0203 ⑫：1，深灰色砾石，部分表皮红褐色。略呈长方形。打制。长 9.8、宽 4.1、厚 2.2 厘米（图一三，13；彩版八，4）。

锛　1 件。A 型。

标本 T0203 ⑫：2，灰褐色砾石，局部泛黄，质较软。略呈长方形，顶部较窄、刃部略宽，顶较平，弧刃，偏锋。较完整。刃部磨制。长 8、宽 5、厚 2 厘米（图一三，14；彩版八，5）。

二、第 2 组

有 T0103 ⑫、T0202 ⑦、T0203 ⑪、T0302 ⑨、T0303 ⑦、T0402 ⑧层，以及开口于其下的 H11、H16、H17、H19、H20、H23、Z3。

（一）遗迹

共发现灰坑 6 个、灶 1 座。

1. 灰坑   6 个。都为丙类。

A 型   4 个。坑口平面为椭圆形。

Aa 型   3 个。H11、H17、H20。斜弧壁。

H11

位置：位于 T0203 中部。被现代坑和 Z3 打破。

层位关系：Z3 → H11 →⑫。

形制：坑口平面呈较规则椭圆形，坑壁斜弧，底较平，坑壁、底无加工痕迹。坑口长径 175、残短径 60 厘米，坑底长径 155、残短径 55、残深 20~25 厘米（图一四）。

填土与包含物：填土为浅灰色，质较软、致密，夹极少量炭粒。仅出土夹细砂素面褐陶 1 片。

H17

位置：位于 T0302 中部。

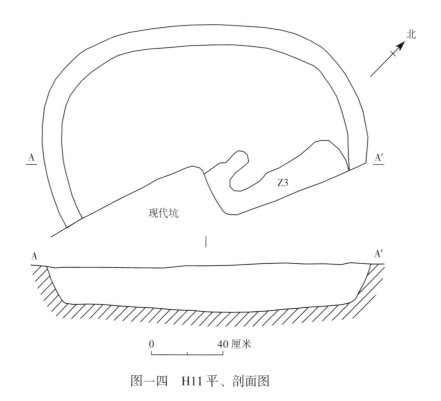

图一四   H11 平、剖面图

层位关系：⑨—H17 →生土。

形制：坑口平面呈较规则椭圆形，东北部略高，西南部略低，高差约 7 厘米。坑壁斜弧，圜底。坑壁、底未发现加工痕迹。坑口长径 40、短径 24、残深 10 厘米（图一五；彩版九，1）。

填土与包含物：填土为灰黑色沙黏土，质稍硬、致密，夹零星炭粒、烧土粒。

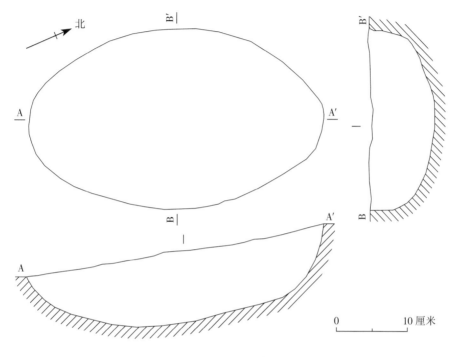

图一五　H17 平、剖面图

H20

位置：位于 T0302 东部。

层位关系：⑨—H20 →生土，被开口于⑧层下的 H13 打破。

形制：坑口平面呈较规则椭圆形，坑壁斜弧，坑底东北高、西南低，高差 12 厘米。坑壁、底无加工痕迹。坑口长径 68、短径 59、坑底长 52~56、深 27~34 厘米（图一六；彩版九，2）。

填土与包含物：填土为深灰褐色沙黏土，质稍硬、致密，夹零星炭粒、烧土粒。

出土陶器 18 件。皆很碎小，仅部分可辨认出器形，但不能划分型式（表三）。

陶质以夹砂陶为主，占 72.22%，泥质陶较少，占 27.78%。夹砂陶可分为夹粗砂与夹细砂两种，以夹细砂为主，占 55.56%，夹粗砂较少，占 16.67%。陶色以黑陶为主，占 38.89%，次为灰、红陶，各占 27.78% 和 22.23%，黄褐陶较少，占 11.11%。器表以素面为主，占 61.11%，纹面较少，约占 38.89%。纹饰以绳纹为主，约占 27.79%，可细分为细绳纹占 16.67%，粗绳纹占 5.56%，菱形绳纹占 5.56%；划纹较少，占 11.11%。器类以瓮为主，占 38.89%，次为罐，占 33.33%，不明器占 27.78%。

Ab 型　1 个。异形壁。

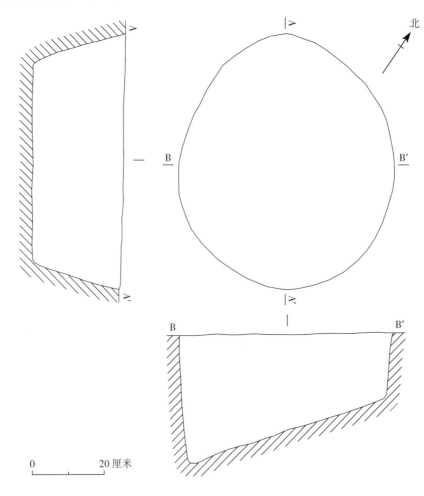

图一六　H20平、剖面图

H19

位置：位于T0202东部。

层位关系：⑦—H19→生土。

形制：坑口平面呈不规则椭圆形、西内凹，东壁较斜直、西壁斜弧，底较平，坑壁、底无加工痕迹。坑口长径135、短径90厘米，坑底长径130、短径80、深5~10厘米（图一七；彩版九，4）。

填土与包含物：填土为浅灰色沙黏土，质较硬、致密，夹少量炭粒及烧土粒。

出土陶器22件。皆很碎小，仅部分陶器能够辨认出器形，但不能划分型式（表四）。

陶质以泥质陶为主，占72.73%，夹砂陶较少，占27.27%，全为夹粗砂。陶色以灰陶为主，占45.46%，次为黑陶，占31.82%，红陶较少，占22.72%。器表以素面为主，占59.09%，纹饰较少，占40.91%。纹饰以绳纹为主，占22.73%，可分为细绳纹占18.18%，菱形绳纹占4.55%；次为复合纹，占13.64%；凸弦纹最少，占4.55%。器物种类以罐为主，占50%，次为瓮，占45.45%，不明器1件，占4.55%。

B型　2个。坑口平面为圆形。

表三　H20 出土陶器统计表

陶质	夹砂										泥质				总计	百分比（%）
	粗砂				细砂				合计	百分比（%）	灰	黄褐	小计	百分比（%）		
陶色	红	灰	小计	百分比（%）	红	黑	小计	百分比（%）								
粗绳纹		1	1	5.56					1	5.56					1	5.56
细绳纹		1	1	5.56	1		1	5.56	2	11.11		1	1	5.56	3	16.67
菱形绳纹											1		1	5.56	1	5.56
划纹						2	2	11.11	2	11.11					2	11.11
素面	1		1	5.56	2	5	7	38.89	8	44.44	2	1	3	16.67	11	61.11
合计	1	2	3	16.67	3	7	10	55.56	13	72.22	3	2	5	27.78	18	100.00
百分比（%）	5.56	11.11	16.67		16.67	38.89	55.56		72.22		16.67	11.11	27.78		100.00	
瓮		1			2	3							1		7	38.89
罐		1			1	1					3				6	33.33
不明器	1					3							1		5	27.78

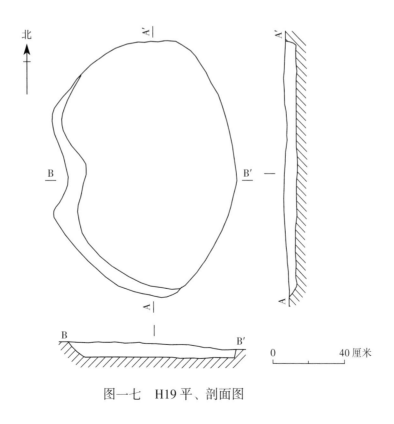

北

0　　40厘米

图一七　H19 平、剖面图

表四　H19 出土陶器统计表

陶质	夹粗砂					泥质					合计	百分比（%）
陶色	红	黑	灰	小计	百分比（%）	红	黑	灰	小计	百分比（%）		
细绳纹						2		2	4	18.18	4	18.18
菱形绳纹		1		1	4.55						1	4.55
复合纹	1			1	4.55		1	1	2	9.09	3	13.64
凸弦纹								1	1	4.55	1	4.55
素面	1		3	4	18.18	1	4	4	9	40.91	13	59.09
合计	2	1	3	6	27.27	3	6	7	16	72.73	22	100.00
百分比（%）	9.09	4.55	13.64	27.27		13.64	27.27	31.82	72.73		100.00	
瓮		1				2	2	5			10	45.45
罐	2		3			1	3	2			11	50.00
不明器							1				1	4.55

Ba 型　1 个。斜弧壁。

H23

位置：位于 T0302 东隔梁中南部。

层位关系：⑨—H23 →生土。

形制：坑口平面呈较规则圆形，坑壁较斜弧，坑底斜平，东北高、西南低，高差 10 厘米。坑壁、底面未发现加工痕迹。口径 64、底径 62、深 10~20 厘米（图一八；彩版九，3）。

填土与包含物：填土为灰黑色沙黏土，质稍硬、较致密，夹杂零星炭粒及烧土粒。

出土陶器 8 件，皆较碎小，不能划分型式。

陶质以夹砂为主，6 件，占 75%，泥质较少，仅 2 件，占 25%。陶色以黑陶为主，占 50%，次为红、灰陶，各占 25%。器表以素面为主，占 75%，纹面较少，仅占 25%。纹饰为粗绳纹和附加堆纹各 1 件。

器物种类以罐为主，共 5 件，占 62.5%，瓮 3 件，占 37.5%。

Bb 型　1 个。斜直壁。

H16

位置：位于 T0302 东北部。

层位关系：⑨—H16 →生土。

形制：坑口平面呈较规则圆形，坑壁较斜直，坑底不平，东北高、西南低，高差 10 厘米。坑壁、底面未发现加工痕迹。口径 64、底径 60、深 10~20 厘米（图一九；彩版九，5）。

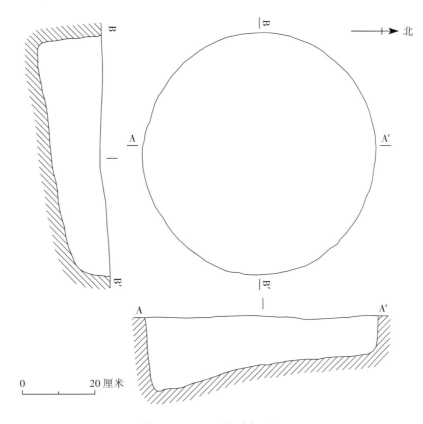

图一八 H23 平、剖面图

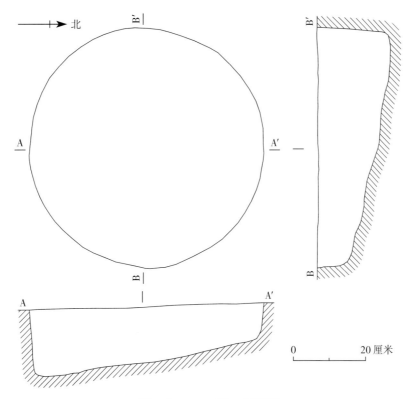

图一九 H16 平、剖面图

填土与包含物：填土为灰黑色沙黏土，质稍硬、较致密，夹杂零星炭粒和烧土粒。

出土陶器9件和石锛1件。陶器皆很碎小，部分可辨识器类。

陶质以泥质略多，5件，占55.56%，夹砂陶较少，4件，占44.44%。陶色以灰陶为主，占44.44%，次为红、黑陶，各占22.22%，黄褐陶最少，占11.11%。器表以素面为主，占66.67%，纹面较少，占33.33%。纹饰为细绳纹、菱形绳纹、复合纹各1件。

器物种类有罐5件，瓮1件，不明器3件。

2. 灶 仅发现1座。

Z3

位置：位于T0203中部。

层位关系：⑪—Z3→H11，被现代坑打破。

形制：残存部分略呈"L"形烧土面。残长82、残宽48、厚约1~3厘米（图二〇；彩版九，6）。

堆积与包含物：红烧土，夹黄褐色黏土及少量木炭颗粒。无包含物。

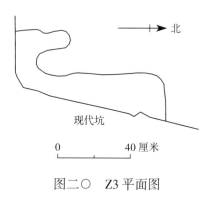

图二〇 Z3平面图

（二）文化层

1. 陶器

第2组文化层共6个单位，分属6个探方，共计出土陶器439件。其中T0103⑫层出土陶器90件，T0202⑦层出土陶器83件，T0203⑪层出土陶器112件，T0302⑨层出土陶器41件、T0303⑦层出土陶器85件，T0402⑧层出土陶器28件。

（1）陶系

从陶质方面观察，T0103⑫层出土陶器中夹砂陶占62.22%，泥质陶占37.78%。T0202⑦层出土陶器中夹砂陶约占46.99%，泥质陶约占53.01%。T0203⑪层出土陶器中夹砂陶约占48.21%，泥质陶约占51.79%。T0302⑨层出土陶器中夹砂陶约占65.85%，泥质陶约占34.15%。T0303⑦层出土陶器中夹砂陶约占36.47%，泥质陶约占63.53%。T0402⑧层出土陶器中夹砂陶约占67.86%，泥质陶约占32.14%。总体看，T0103⑫层、T0302⑨层、T0402⑧层三个单位，夹砂陶明显多于泥质陶；T0202⑦层、T0203⑪层两个单位泥质陶略多于夹砂陶，T0303⑦层泥质陶明显多于夹砂陶。

从器表纹饰方面看，除了T0103⑫层器表纹面约占65.56%、素面约占34.44%，T0203⑪层器表纹面约占60.71%、素面占39.29%外，其他四个单位都是素面略多，从54.12%至61.45%不等。

以T0103⑫层、T0203⑪层、T0303⑦层为例，介绍陶系如下：

T0103⑫层 出土陶器90件。

陶质以夹砂陶为主，约占62.22%，泥质陶较少，约占37.78%。夹砂陶可分为夹粗砂与夹细砂两种，以夹粗砂为主，约占 40%，夹细砂占 22.22%。陶色以黄褐陶为主，约占 33.34%，次为红陶和黑陶，各占 20% 和 17.78%，褐陶和灰陶较少，各占 15.55% 和 13.34%。器表以纹面为主，约占 65.56%，素面较少，约占 34.44%。纹饰以绳纹为主，约占 44.44%，其中，菱形绳纹占 20%，细绳纹占 13.33%，粗绳纹占 7.78%，方格形绳纹占 3.33%。次为复合纹，占 11.11%，附加堆纹、凹凸弦纹、戳印纹、划纹较少，各占 2.22%、3.33%、3.33%、1.11%。器物种类以罐为主，约占 55.56%，次为瓮，约占 41.11%，钵很少，仅占 2.22%，另有 1.11% 的不明器（表五）。

T0203 ⑪层　出土陶器 112 件。

陶质以泥质陶稍多，约占 51.79%，夹砂陶略少，约占 48.21%。夹砂陶可分为夹粗砂与夹细砂两种，以夹粗砂为主，占 33.93%，夹细砂较少，占 14.29%。陶色以红、灰为主，各约占 25%，次为黑陶，占 23.21%，灰褐陶较少，占 18.75%，褐陶最少，仅占 8.04%。器表以纹面为主，约占 60.71%，素面较少，约占 39.29%。纹饰以绳纹为主，约占 41.07%，其中，粗绳纹占 3.57%，细绳纹占 19.64%，方格形绳纹占 7.14%，菱形绳纹占 10.71%。次为复合纹，占 14.29%，附加堆纹较少，占 3.57%，凸弦纹和划纹很少，各占 0.89%。器物种类主要有瓮、罐、钵、杯、球形器和不明器，以罐为主，占 64.29%，次为瓮，占 25.89%，钵少，占 1.79%，杯、球形器很少，仅占 0.89%，不明器占 6.25%（表六）。

T0303 ⑦层　出土陶器 85 件。

陶质以泥质陶为主，约占 63.53%，夹砂陶较少，约占 36.47%。夹砂陶可分为夹粗砂与夹细砂两种，以夹粗砂较多，占 23.53%，夹细砂较少，占 12.94%。陶色以黄褐陶为主，约占 35.30%，次为灰、红、黑陶，各占 22.35%、21.18%、20%，褐陶最少，仅占 1.18%。器表素面略多，约占 54.12%，纹面稍少，约占 45.88%。纹饰以绳纹较多，约占 23.53%，其中，菱形绳纹占 12.94%，细绳纹占 10.59%。次为复合纹，约占 8.24%。凸弦纹和附加堆纹较少，各占 5.88% 和 4.71%。划纹最少，仅占 3.53%。器物种类以瓮为主，约占 51.76%，次为罐，约占 43.53%，不明器占 4.71%（表七）。

（2）器类

第 2 组文化层共出陶器 439 件，参加分类排队的有 97 件，挑选标本 66 件。

高领瓮　14 件。其中底部 4 件。

A 型　2 件。

Ⅰ式　1 件。

标本 T0203 ⑪：3，夹细砂黑陶，局部灰黑，红褐胎，内壁黄褐色。素面。侈口，卷沿，圆唇，残。轮制，火候一般。口径 31、残高 6.8 厘米（图二一，1）。

Ⅲ式　1 件。

标本 T0303 ⑦，碎小。

B 型　8 件。

Ba 型　4 件，其中 1 件不明式别。

表五　T0103⑫层出土陶器统计表

纹饰＼陶质·陶色	粗砂·红	粗砂·黑	粗砂·灰	粗砂·褐	粗砂·黄褐	粗砂·小计	粗砂·百分比(%)	细砂·红	细砂·黑	细砂·灰	细砂·褐	细砂·黄褐	细砂·小计	细砂·百分比(%)	夹砂·合计	夹砂·百分比(%)	泥质·红	泥质·黑	泥质·灰	泥质·褐	泥质·黄褐	泥质·小计	泥质·百分比(%)	总计	百分比(%)
粗绳纹												7	7	7.78	7	7.78								7	7.78
细绳纹	2			4	1	7	7.78		1				1	1.11	8	8.89		2			2	4	4.44	12	13.33
方格形绳纹								1				1	2	2.22	2	2.22					1	1	1.11	3	3.33
菱形绳纹	1	3		2	1	7	7.78	2					2	2.22	9	10.00	2	1			6	9	10.00	18	20.00
复合纹			1	1	2	4	4.44	2	1			2	5	5.56	9	10.00				1		1	1.11	10	11.11
附加堆纹	1					1	1.11								1	1.11			1			1	1.11	2	2.22
凹凸弦纹																		1			2	3	3.33	3	3.33
戳印纹			1	2		3	3.33								3	3.33								3	3.33
划纹											1		1	1.11	1	1.11								1	1.11
素面	2	5	3	3	1	14	15.56			2			2	2.22	16	17.78	5	2	4		4	15	16.67	31	34.44
合计	6	8	5	12	5	36	40.00	5	2	2	1	10	20	22.22	56	62.22	7	6	5	1	15	34	37.78	90	100.00
百分比(%)	6.67	8.89	5.56	13.33	5.56	40.00		5.56	2.22	2.22	1.11	11.11	22.22		62.22		7.78	6.67	5.56	1.11	16.67	37.78		100.00	
瓮	2		1		1			2	2	2		7					3	2	3		12			37	41.11
罐	4	8	4	12	4			3			1	3					4	2	2		3			50	55.56
钵																		2						2	2.22
不明器																				1				1	1.11

表六　T0203 ①层出土陶器统计表

陶质	夹砂												泥质						总计	百分比(%)
陶色	粗砂						细砂				合计	百分比(%)	红	黑	灰	灰褐	小计	百分比(%)		
	红	黑	灰	褐	小计	百分比(%)	黑	灰	小计	百分比(%)										
粗绳纹	1		1		2	1.79					2	1.79	1			1	2	1.79	4	3.57
细绳纹			2	1	3	2.68	2	1	3	2.68	6	5.36	5	2	4	5	16	14.29	22	19.64
方格形绳纹	1	1		1	3	2.68		1	1	0.89	4	3.57	1	1		2	4	3.57	8	7.14
菱形绳纹	3	2	2	2	9	8.04					9	8.04			3		3	2.68	12	10.71
复合纹	2	1	2	3	8	7.14		3	3	2.68	11	9.82	1	1	1	2	5	4.46	16	14.29
附加堆纹													1		3		4	3.57	4	3.57
凸弦纹			1		1	0.89					1	0.89							1	0.89
划纹				1	1	0.89					1	0.89							1	0.89
素面	5	3	3	1	12	10.71	8		8	7.14	20	17.86	6	4	5	9	24	21.43	44	39.29
合计	12	7	10	9	38	33.93	11	5	16	14.29	54	48.21	16	8	13	21	58	51.79	112	100.00
百分比(%)	10.71	6.25	8.93	8.04	33.93		9.82	4.46	14.29		48.21		14.29	7.14	11.61	18.75	51.79		100.00	
瓮	2		1	1			4						4	1	7	9			29	25.89
罐	10	3	9	8			6	5					10	6	6	9			72	64.29
钵							1							1					2	1.79
杯		1																	1	0.89
球形器													1						1	0.89
不明器		3											1			3			7	6.25

表七 T0303 ⑦层出土陶器统计表

陶质 陶色	夹砂 粗砂 红	粗砂 灰	粗砂 小计	粗砂 百分比(%)	夹砂 细砂 红	细砂 黑	细砂 黄褐	细砂 小计	细砂 百分比(%)	合计	百分比(%)	泥质 红	泥质 黑	泥质 灰	泥质 褐	泥质 黄褐	泥质 小计	泥质 百分比(%)	总计	百分比(%)
细绳纹	1	1	2	2.35	1			1	1.18	3	3.53		2			4	6	7.06	9	10.59
菱形绳纹	2	2	4	4.71	1			1	1.18	5	5.58		3			3	6	7.06	11	12.94
复合纹		1	1	1.18			2	2	2.35	3	3.53		3			1	4	4.71	7	8.24
附加堆纹		2	2	2.35						2	2.35			1		1	2	2.35	4	4.71
凸弦纹													3		1	1	5	5.88	5	5.88
划纹		1	1	1.18			2	2	2.35	3	3.53								3	3.53
素面	4	6	10	11.76	4	1		5	5.88	15	17.65	5	5	5		16	31	36.47	46	54.12
合计	7	13	20	23.53	6	1	4	11	12.94	31	36.47	5	16	6	1	26	54	63.53	85	100.00
百分比(%)	8.24	15.29	23.53		7.06	1.18	4.71	12.94		36.47		5.88	18.82	7.06	1.18	30.59	63.53		100.00	
瓮	3	5			5		2					4	8	3	1	13			44	51.76
罐	4	8			1	1	2					1	7	2		11			37	43.53
不明器													1	1		2			4	4.71

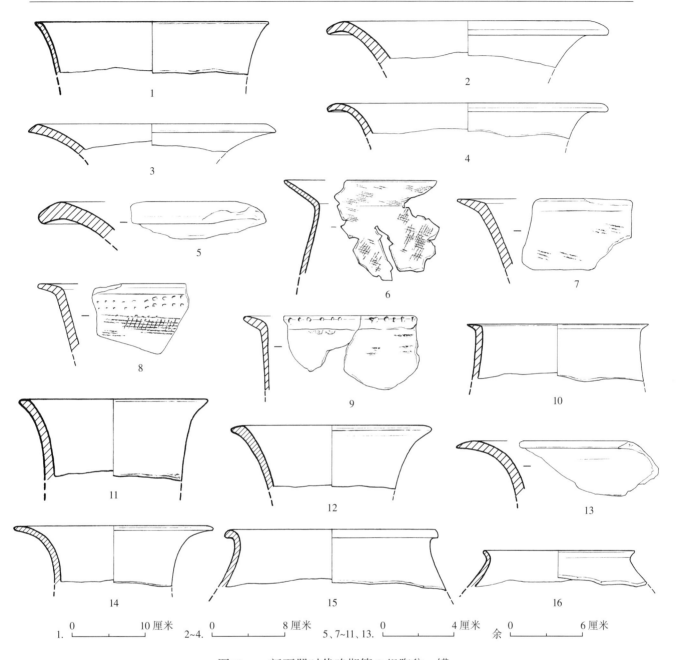

图二一 新石器时代晚期第 2 组陶瓮、罐

1. A 型 I 式高领瓮（T0203⑪：3） 2、4. Ba 型 I 式高领瓮（T0203⑪：4、9） 3、5. Bb 型高领瓮（T0203⑪：5、T0202⑦：31） 6. 宽折沿罐（T0203⑪：10） 7、8. I 式窄折沿罐（T0203⑪：11、T0303⑦：7） 9. 窄卷沿罐（T0402⑧：3） 10~12. A 型 I 式高领罐（T0203⑪：6、7，T0202⑦：2） 13. Ba 型高领罐（T0202⑦：5） 14. Bb 型高领罐（T0202⑦：6） 15. 束颈罐（T0202⑦：8） 16. B 型有肩罐（T0103⑫：5）

I 式 3 件。

标本 T0203⑪：4，泥质灰陶。素面。喇叭口，宽沿外下折，圆唇，残。轮制，火候一般。口径 30、残高 4.8 厘米（图二一，2）。

标本 T0203⑪：9，泥质灰陶。素面。喇叭口，卷沿外下翻，圆唇，束颈，残。轮制，火候较低。

口径 30、残高 3.7 厘米（图二一，4）。

　　Bb 型　4 件。

　　标本 T0203 ⑪：5，泥质黄褐陶。素面。喇叭口，窄沿外折，圆尖唇，残。轮制，火候一般。口径 26.4、残高 3 厘米（图二一，3）。

　　标本 T0202 ⑦：31，泥质黑陶，表皮大部分脱落，黄褐胎，内壁红褐。素面。喇叭口，窄沿外下折，圆唇，残。轮制，火候较低。残宽 7.2、残高 1.9 厘米（图二一，5）。

　　瓮形器　1 件。

　　标本 T0402 ⑧：2，标本碎小。

　　宽折沿罐　1 件。

　　标本 T0203 ⑪：10，夹粗砂红褐陶，内壁灰黑。器表施斜细绳纹和方格形绳纹。侈口，宽折沿，圆唇，鼓腹，残。轮制，火候较低。残宽 8.4、残高 7.8 厘米（图二一，6）。

　　折沿罐　2 件。

　　标本 T0103 ⑫，碎小。

　　窄折沿罐　4 件。

　　Ⅰ 式　3 件。

　　标本 T0203 ⑪：11，夹粗砂黄褐陶，黑胎。器表施斜细绳纹。敞口，窄折沿，圆唇，沿下夹角较大，残。轮制，火候一般。残宽 5.8、残高 3.8 厘米（图二一，7）。

　　标本 T0303 ⑦：7，夹细砂黄褐陶，局部灰黑。沿下施戳印纹，腹施方格形绳纹。敞口，窄折沿，圆唇，残。轮制，火候一般。残宽 5.2、残高 3.6 厘米（图二一，8）。

　　Ⅱ 式　1 件。

　　标本 T0303 ⑦，碎小。

　　宽卷沿罐　2 件。

　　标本 T0303 ⑦，碎小。

　　标本 T0302 ⑨，碎小。

　　窄卷沿罐　8 件。

　　标本 T0402 ⑧：3，夹粗砂黄褐陶，局部灰黑。唇部施戳印纹，上腹施绳纹。口微侈，卷沿，圆唇，上腹较直，残。手制、轮修，火候一般。残宽 7.2、残高 3.8 厘米（图二一，9）。

　　高领罐　20 件。

　　A 型 Ⅰ 式　8 件。

　　标本 T0203 ⑪：6，夹细砂红褐陶，局部黄褐。素面。侈口，窄折沿，尖圆唇，领微束，残。轮制，火候一般。口径 9.8、残高 3 厘米（图二一，10）。

　　标本 T0203 ⑪：7，泥质黑陶，灰胎，内壁黄褐。素面。侈口，微有窄折沿，尖圆唇，领微束，残。轮制，火候一般。口径 10、残高 4.2 厘米（图二一，11）。

标本 T0202 ⑦：2，泥质黑陶，灰胎。素面。侈口，窄沿外下折，圆唇，束领，残。轮制，火候较低。口径 16.2、残高 5 厘米（图二一，12）。

B 型　12 件。

Ba 型　11 件。

标本 T0202 ⑦：5，泥质黄褐陶。素面。喇叭口，卷沿、沿面外下翻，圆尖唇，残。轮制，火候一般。残宽 7.6、残高 2.8 厘米（图二一，13）。

Bb 型　1 件。

标本 T0202 ⑦：6，泥质黑陶，灰胎。素面。喇叭口，卷沿，圆唇，束颈，残。轮制，火候一般。口径 16、残高 4.8 厘米（图二一，14）。

束颈罐　1 件。

标本 T0202 ⑦：8，泥质灰陶，黄褐胎。素面。侈口，卷沿，圆唇，束颈，残。轮制，火候一般。口径 17.2、残高 4.8 厘米（图二一，15）。

有肩罐　1 件。B 型。

标本 T0103 ⑫：5，夹细砂黄褐陶，局部泛红，灰胎，内壁灰褐。素面。侈口，卷沿，圆唇，斜肩，残。轮制，火候一般。口径 12.2、残高 2.8 厘米（图二一，16）。

小侈口罐　7 件。

A 型　3 件。

标本 T0203 ⑪，碎小。

B 型　4 件。

标本 T0103 ⑫：9，夹细砂黄褐陶，局部黑，胎、内壁灰黑。素面。侈口，折沿，圆唇，鼓腹，残。轮制，火候一般。残宽 4、残高 2.4 厘米（图二二，1）。

标本 T0103 ⑫：10，夹细砂黄褐陶，胎、内壁灰黑。素面。侈口，折沿，圆唇，鼓腹，残。轮制，火候一般。口径 11、残高 2.1 厘米（图二二，2）。

标本 T0303 ⑦：15，泥质黑陶，灰胎。素面。侈口，窄折沿外下斜，圆唇，残。轮制，火候一般。残宽 3.4、残高 3.1 厘米（图二二，3）。

小直口罐　1 件。A 型。

标本 T0402 ⑧：5，泥质灰陶。素面。直口，圆唇，残。轮制，火候一般。残宽 3、残高 4.3 厘米（图二二，4）。

卷沿盆　2 件。I 式。

标本 T0202 ⑦：10，泥质灰陶，内壁黄褐。素面。侈口，尖圆唇，残。轮制，火候一般。残宽 5、残高 3.3 厘米（图二二，5）。

折沿盆　1 件。A 型 I 式。

标本 T0303 ⑦：16，泥质黑陶，内壁黄褐。素面。敛口，平折沿，圆唇，残。轮制，火候一

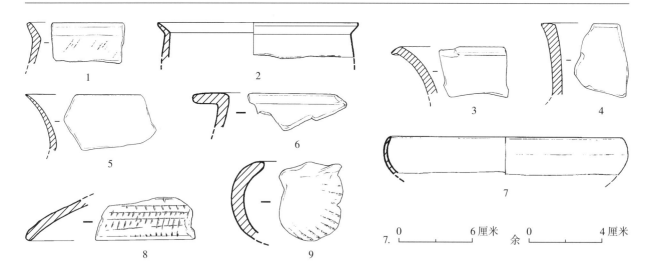

图二二　新石器时代晚期第 2 组陶器

1~3. B 型小侈口罐（T0103⑫：9、10，T0303⑦：15）　4. A 型小直口罐（T0402⑧：5）　5. Ⅰ式卷沿盆（T0202⑦：10）　6. A 型Ⅰ式折沿盆（T0303⑦：16）　7. 敛口钵（T0103⑫：15）　8. 器盖（T0402⑧：6）　9. 球形器（T0203⑪：25）

般。残宽 5.4、残高 2.3 厘米（图二二，6）。

敛口钵　3 件。

标本 T0103⑫：15，夹细砂黑陶，灰胎。素面。敛口，圆唇，上腹鼓，残。轮制，火候一般。口径 18.8、残高 3.2 厘米（图二二，7）。

器盖　1 件。

标本 T0402⑧：6，夹细砂黑陶。器表施附加堆纹，在堆纹上施划纹。敞口，圆唇，弧壁，残。轮制，火候一般。残宽 5.5、残高 2.5 厘米（图二二，8）。

球形器　1 件。

标本 T0203⑪：25，泥质红陶，胎、内壁灰。口沿外施小板，腹部施绳纹。敛口，圆唇，鼓腹，残。手制，火候一般。残宽 3.6、残高 4.3 厘米（图二二，9）。

2. 石器

第 2 组文化层共出石器 22 件，可分为打制和磨制两类。打制石器共 9 件，磨制石器 13 件。

（1）打制石器

主要有刮削器、扁条形器、石片等。

刮削器　2 件。

标本 T0303⑦：37，灰色砾石，局部褐色。呈扁平不规则长方形，边刃较直，残。长 10.4、宽 5.4、厚 0.9 厘米（图二三，1）。

扁条形器　1 件。

标本 T0103⑫：32，浅灰色砾石，可见灰白色线形石纹。窄长条形。长 6.2、宽 1.5、厚 0.5 厘米（图二三，2；彩版一〇，1）。

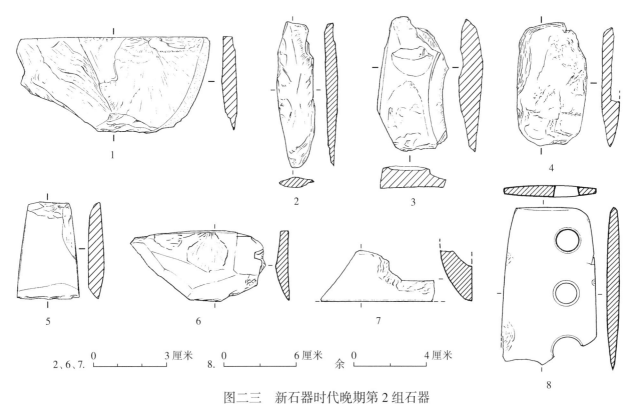

2、6、7.　0———3厘米　　8.　0———6厘米　余　0———4厘米

图二三　新石器时代晚期第 2 组石器

1. 刮削器（T0303 ⑦：37）　 2. 扁条形器（T0103 ⑫：32）　 3. A 型斧（T0202 ⑦：30）　 4. B 型斧（T0103 ⑫：1）
5. A 型锛（T0203 ⑪：1）　 6、7. A 型刀（T0202 ⑦：1、T0303 ⑦：38）　 8. 三孔礼器（T0203 ⑪：57）

石片　6 件。

（2）磨制石器

主要有斧、锛、刀、三孔礼器、砺石及石料。

斧　3 件，其中 1 件为斧坯。

A 型　1 件。

标本 T0202 ⑦：30，灰黑色砾石，局部灰白。残段略呈长方形，正、侧面可见磨制痕迹。残长
7.2、残宽 4、残厚 1.5 厘米（图二三，3）。

B 型　1 件。

标本 T0103 ⑫：1，黑色砾石，局部可见白色线形石纹。平面略呈长方形，顶部残，弧刃，中
锋。磨制粗糙。残长 6.9、宽 3.8、厚 1.1 厘米（图二三，4；彩版一〇，3）。

锛　2 件。A 型。

标本 T0203 ⑪：1，灰色砾石，夹杂黄褐色。平面略呈长方形，顶略窄，刃较直稍宽，偏锋。
残长 5.4、宽 3.4、厚 1 厘米（图二三，5；彩版一〇，2）。

刀　2 件。A 型。

标本 T0202 ⑦：1，灰色砾石，局部灰白、红褐。不规则长条形，顶微弧，不规则弧刃。残长 5.4、

宽2.9、厚0.5厘米（图二三，6）。

标本T0303⑦：38，灰色砾石。残存部分刃部。残长4.6、残宽2.1、厚1.1厘米（图二三，7）。

三孔礼器　1件。

标本T0203⑪：57，灰绿色砾石，局部灰色。双向穿3圆形孔，1孔残。整体略呈扁长方形，顶较平，侧面略弧，斜弧刃、残。磨制精细。残长13、宽6~7.6、厚1、孔径1.8~2.3厘米（图二三，8；彩版一〇，4）。

砺石　1件。

石料　4件。

三、第3组

只有T0203⑩层1个单位。

1. 陶器

出土陶器92件。陶质以夹砂为主，约占53.26%，泥质稍少，约占46.74%。夹砂陶可分为夹粗砂、夹细砂两类，夹细砂稍多，约占28.26%，夹粗砂稍少，约占25%。陶色以黑为主，约占34.79%，灰褐、红、灰陶略少，分别占22.83%、21.74%、20.65%。器表以纹面为主，约占57.61%，素面较少，约占42.39%。纹饰以绳纹为主，约占33.7%，其中以细绳纹和菱形绳纹为主，各占13.04%和11.96%，方格形绳纹较少，约占6.52%，粗绳纹最少，仅占2.17%。次为复合纹，约占11.96%。凹凸弦纹较少，约占7.61%。附加堆纹和划纹最少，都只占2.17%。器物种类以罐为主，约占50%，次为瓮，占39.13%，盆、钵很少，仅各占1.09%，另有8.7%的陶器不能辨识器物种类（表八）。

参加分类排队的陶器7件，挑选标本7件。

高领瓮　2件。

A型Ⅱ式　1件。

标本T0203⑩：2，泥质红陶，局部黄褐。素面。喇叭口，卷沿，尖圆唇，残。轮制，火候较高。口径32、残高3.5厘米（图二四，1）。

另有1件残，仅剩领、肩部，不可辨认型式。标本T0203⑩：32，泥质黄褐陶，局部泛红。肩部施斜细绳纹。高领，广肩，残。轮制，火候较高。残高12厘米（图二四，2）。

瓮底　1件。

标本T0203⑩：7，泥质黄褐陶，局部泛黑。下腹施斜细绳纹。下腹斜弧收，平底，残。轮制，火候较高。底径15.4、残高3.4厘米（图二四，3）。

窄折沿罐　1件。Ⅰ式。

标本T0203⑩，碎小。

高领罐　1件。Bb型。

表八　T0203 ⑩层出土陶器统计表

陶质＼陶色（纹饰／器形）	夹砂·粗砂·红	夹砂·粗砂·黑	夹砂·粗砂·灰	夹砂·粗砂·小计	夹砂·粗砂·百分比（%）	夹砂·细砂·红	夹砂·细砂·黑	夹砂·细砂·灰	夹砂·细砂·小计	夹砂·细砂·百分比（%）	夹砂·合计	夹砂·百分比（%）	泥质·红	泥质·黑	泥质·灰	泥质·灰褐	泥质·小计	泥质·百分比（%）	总计	总计·百分比（%）
粗绳纹			1	1	1.09		1		1	1.09	2	2.17							2	2.17
细绳纹	1			1	1.09		3	2	5	5.43	6	6.52	4			2	6	6.52	12	13.04
方格形绳纹							1		1	1.09	1	1.09	1	1	1	2	5	5.43	6	6.52
菱形绳纹	2	3		5	5.43			2	2	2.17	7	7.61			1	3	4	4.35	11	11.96
复合纹	1	1	3	5	5.43		2		2	2.17	7	7.61			1	3	4	4.35	11	11.96
附加堆纹													1		1		2	2.17	2	2.17
凹凸弦纹		1		1	1.09	1	3		4	4.35	5	5.43	1			1	2	2.17	7	7.61
划纹							2		2	2.17	2	2.17							2	2.17
素面	4	5	1	10	10.87		6	3	9	9.78	19	20.65	4	3	3	10	20	21.74	39	42.39
合计	8	10	5	23	25.00	1	18	7	26	28.26	49	53.26	11	4	7	21	43	46.74	92	100.00
百分比（%）	8.70	10.87	5.43	25.00		1.09	19.57	7.61	28.26		53.26		11.96	4.35	7.61	22.83	46.74		100.00	
瓮			1	1		1	9	2	12		13		7	3	1	12	23		36	39.13
罐	8	10	4	22			5	4	9		31		3	1	4	7	15		46	50.00
盆							1		1		1								1	1.09
钵													1				1		1	1.09
不明器							3	1	4		4				2	2	4		8	8.70

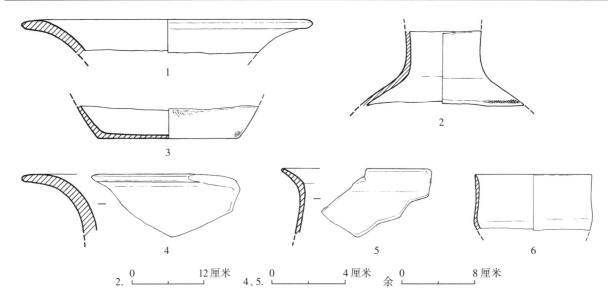

图二四　新石器时代晚期第 3 组陶瓮、罐

1. A 型 II 式高领瓮（T0203 ⑩：2）　2. 高领瓮（T0203 ⑩：32）　3. 瓮底（T0203 ⑩：7）　4. Bb 型高领罐（T0203 ⑩：3）
5. B 型小侈口罐（T0203 ⑩：4）　6. A 型小直口罐（T0203 ⑩：5）

标本 T0203 ⑩：3，泥质灰陶。素面。侈口，卷沿，圆唇，束领，残。轮制，火候较低。残宽 8.2、残高 3.3 厘米（图二四，4）。

小侈口罐　1 件。B 型。

标本 T0203 ⑩：4，泥质红陶，黑胎。素面。侈口，折沿，圆唇，鼓腹，残。轮制，火候较低。残宽 5.9、残高 3.8 厘米（图二四，5）。

小直口罐　1 件。A 型。

标本 T0203 ⑩：5，夹细砂红陶，黑胎。近直口，圆尖唇，腹微折，残。轮制，火候较低。口径 12.6、残高 5.8 厘米（图二四，6）。

2. 石器

只出土石锛 1 件，残甚。

四、第 4 组

有 T0202 ⑥、T0203 ⑨、T0204 ⑧层以及开口于其下的 H15，共 4 个单位。

（一）遗迹

只有 1 个灰坑。为甲类。

H15

位置：位于 T0204 西北部。

层位关系：⑧—H15 →⑨。

形制：坑口平面略呈圆形，北、西、南壁较直，东壁外鼓，底东部略高、西部略低。坑壁、底无加工痕迹。口径45~50、底径50、深45~55厘米（图二五）。

填土与包含物：填土为灰褐色沙黏土，质稍硬、较致密，夹少量烧土粒和炭粒。包含少量陶片和1件石斧。

出土陶器仅7件。陶质以泥质为主，5件，约占71.43%，夹粗砂较少，仅2件，约占28.57%。陶色以红为主，约占42.85%，次为灰陶，约占28.57%，黑、黄褐陶较少，各占14.29%。器表纹面较多，约占57.14%，素面略少，约占42.86%。纹饰以绳纹较多，约占28.57%，细绳纹和方格形绳纹各占一半。复合纹和凹凸弦纹较少，各占14.29%。可辨认器物种类只有瓮、罐两类，以瓮为主，约占57.14%，次为罐，约占42.86%。皆为较碎腹片。

石斧 1件。B型。

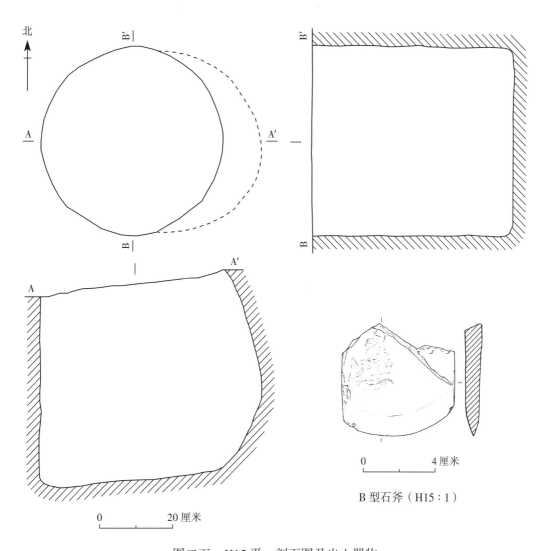

B型石斧（H15∶1）

图二五 H15平、剖面图及出土器物

标本 H15：1，黑色砾石，局部可见点、短线状白斑。体薄，弧刃，中锋，残。磨制精细。残长 5.9、宽 6.2、厚 1.1 厘米（图二五）。

（二）文化层

3 个地层单位中，T0202 ⑥层无出土物，其余 2 个地层单位出土遗物多为陶器，石器很少。

1. 陶器

（1）陶系

T0203 ⑨层　出土陶器 136 件。

陶质以泥质为主，约占 66.91%，夹砂较少，约占 33.09%。夹砂陶可分为夹粗砂和夹细砂两类，夹粗砂略多，约占 20.59%，夹细砂略少，约占 12.5%。陶色以红为主，约占 36.76%，次为黄褐陶，约占 25.74%，灰陶和黑陶较少，各占 19.12% 和 17.65%，褐陶最少，仅占 0.74%。器表以纹面略多，约占 54.41%，素面略少，约占 45.59%。纹饰以绳纹较多，约占 29.41%，多为细绳纹和菱形绳纹，各占 9.56%，次为方格形绳纹，占 7.35%，粗绳纹很少，仅占 2.94%。次为复合纹，约占 14.71%。凹凸弦纹较少，约占 7.35%，附加堆纹更少，约占 2.21%，镂孔最少，仅占 0.74%。器物种类以瓮为主，约占 43.38%，次为罐，约占 38.97%，盘、钵、杯、圈足、纺轮都很少，仅各占 0.74%，另有 13.97% 的腹片不能辨识器物种类（表九）。

T0204 ⑧层　出土陶器 87 件。

陶质以夹砂较多，约占 57.47%，泥质较少，约占 42.53%。夹砂陶可分为夹粗砂和夹细砂两类，夹粗砂较多，约占 37.93%，夹细砂较少，占 19.54%。陶色以红为主，约占 32.18%，次为黑陶，约占 27.59%，黄褐陶、灰陶和褐陶较少，各占 14.94%、13.79%、11.49%。器表以纹面为主，约占 64.37%，素面较少，占 35.63%。纹饰以绳纹为主，约占 43.68%，细绳纹和粗绳纹较多，各占 14.94% 和 11.49%，菱形绳纹和方格形绳纹较少，各占 9.2% 和 8.05%。次为复合纹，约占 12.64%。附加堆纹和凸弦纹较少，各占 2.30% 和 3.45%。划纹和贴塑很少，仅各占 1.15%。器物种类以罐为主，约占 66.67%，次为瓮，占 24.14%，缸很少，仅占 4.60%，盆、钵、圈足器极少，都仅占 1.15%，另有 1.15% 的腹片不能辨认器物种类（表一〇）。

（2）器类

第 4 组文化层共出陶器 223 件，可辨识器物种类、参加排队的 51 件，挑选标本 23 件。

高领瓮　6 件。

A 型　3 件。

Ⅱ式　2 件。

标本 T0203 ⑨：7，泥质黄褐陶，局部泛红。素面。喇叭口，卷沿，圆唇，残。轮制，火候较低。口径 31、残高 2.1 厘米（图二六，1）。

Ⅲ式　1 件。

表九　T0203⑨层出土陶器统计表

陶质	夹砂											泥质							总计	百分比(%)
	粗砂				细砂					合计	百分比(%)	红	黑	灰	褐	黄褐	小计	百分比(%)		
陶色	红	黑	小计	百分比(%)	红	黑	灰	小计	百分比(%)											
粗绳纹		1	1	0.74						1	0.74			2		1	3	2.21	4	2.94
细绳纹	2	1	3	2.21			1	1	0.74	4	2.96	5		2		2	9	6.62	13	9.56
方格形绳纹	2		2	1.47						2	1.47	3		2		3	8	5.88	10	7.35
菱形绳纹		2	2	1.47	1	1		2	1.47	4	2.94	2	1	2	1	3	9	6.62	13	9.56
复合纹	2	6	8	5.88			1	1	0.74	9	6.62	4		2		5	11	8.09	20	14.71
附加堆纹	1		1	0.74			1	1	0.74	2	1.47	1					1	0.74	3	2.21
凹凸弦纹						2	1	3	2.21	3	2.21	4				3	7	5.15	10	7.35
镂孔												1					1	0.74	1	0.74
素面	5	6	11	8.09	4	4	1	9	6.62	20	14.71	13		11		18	42	30.88	62	45.59
合计	12	16	28	20.59	5	7	5	17	12.50	45	33.09	33	1	21	1	35	91	66.91	136	100.00
百分比(%)	8.82	11.76	20.59		3.68	5.15	3.68	12.50		33.09		24.26	0.74	15.44	0.74	25.74	66.91		100.00	
瓮	2	1			1	3	5					18		11	1	17			59	43.38
罐	9	13			2	2						8	1	8		10			53	38.97
盘					1														1	0.74
钵					1														1	0.74
杯												1							1	0.74
圈足	1																		1	0.74
纺轮					1														1	0.74
不明器		2				2						5		2		8			19	13.97

表一〇　T0204⑧层出土陶器统计表

陶质	夹砂															泥质						总计	百分比（%）
	粗砂							细砂						合计	百分比（%）								
陶色	红	黑	灰	褐	黄褐	小计	百分比（%）	红	黑	灰	黄褐	小计	百分比（%）			红	黑	灰	黄褐	小计	百分比（%）		
粗绳纹					1	1	1.15							1	1.15		7	2		9	10.34	10	11.49
细绳纹	2	3		1		6	6.90	2	2			4	4.60	10	11.49				3	3	3.45	13	14.94
方格形绳纹	2			1		3	3.45		2			2	2.30	5	5.75	1	1			2	2.30	7	8.05
菱形绳纹	1	2				3	3.45	1			1	2	2.30	5	5.75		1		2	3	3.45	8	9.20
复合纹	3	1		5		9	10.34							9	10.34	1		1		2	2.30	11	12.64
附加堆纹																	2			2	2.30	2	2.30
凸弦纹																1			2	3	3.45	3	3.45
划纹																	1			1	1.15	1	1.15
贴塑				1		1	1.15							1	1.15							1	1.15
素面	6	1	1	2		10	11.49	3	1	5		9	10.34	19	21.84	5		3	4	12	13.79	31	35.63
合计	14	7	1	10	1	33	37.93	6	5	5	1	17	19.54	50	57.47	8	12	6	11	37	42.53	87	100.00
百分比（%）	16.09	8.05	1.15	11.49	1.15	37.93		6.90	5.75	5.75	1.15	19.54		57.47		9.20	13.79	6.90	12.64	42.53		100.00	
缸					1														3			4	4.60
瓮		1						3	2	4							5		6			21	24.14
罐	14	5	1	10				2	3	2						8	5	6	2			58	66.67
盆																	1					1	1.15
钵								1														1	1.15
圈足																	1					1	1.15
不明器		1																				1	1.15

标本 T0203 ⑨：6，泥质黄褐陶，灰褐胎。素面。喇叭口，卷沿外下斜，圆唇，残。轮制，火候较低。残宽 7.8、残高 5 厘米（图二六，2）。

B 型 3 件。

Ba 型 I 式 2 件。

标本 T0203 ⑨：10，夹细砂黑陶，灰褐胎。素面。喇叭口，沿外下折，圆唇，残。轮制，火候较低。残宽 13.5、残高 5 厘米（彩版一一，1）。

Bb 型 1 件。

标本 T0203 ⑨：11，泥质红陶，局部泛黄，灰胎。素面。喇叭口。窄折沿外下斜，圆唇，残。轮制，火候较低。残宽 6.6、残高 7 厘米（图二六，3）。

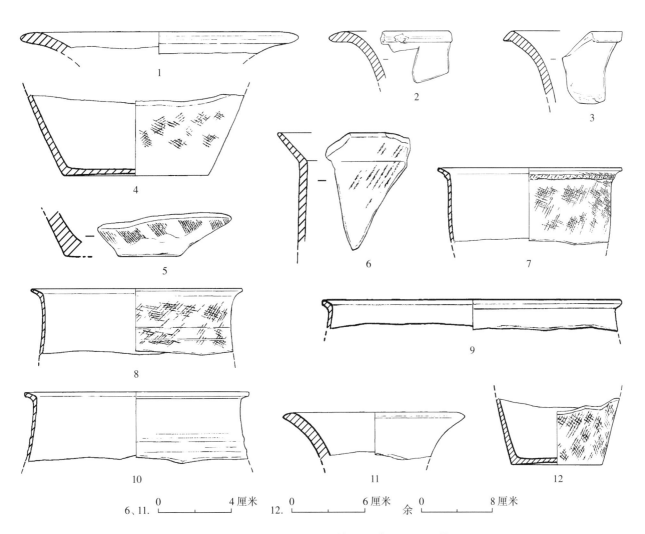

图二六 新石器时代晚期第 4 组陶瓮、缸、罐

1. A 型 II 式高领瓮（T0203 ⑨：7） 2. A 型 III 式高领瓮（T0203 ⑨：6） 3. Bb 型高领瓮（T0203 ⑨：11） 4. 瓮底（T0203 ⑨：2） 5. 缸底（T0204 ⑧：6） 6. 折沿罐（T0203 ⑨：15） 7、8. I 式窄折沿罐（T0203 ⑨：14、17） 9、10. II 式窄折沿罐（T0204 ⑧：4、T0203 ⑨：21） 11. A 型 I 式高领罐（T0204 ⑧：2） 12. 罐底（T0204 ⑧：9）

瓮底　3件。

标本T0203⑨：2，泥质黄褐陶，局部泛红、灰。下腹施菱形绳纹。下腹斜内收，平底微凹，残。轮制，火候较低。底径15.6、残高7.6厘米（图二六，4）。

缸底　2件。

标本T0204⑧：6，夹粗砂黄褐陶，局部泛红，厚胎。下腹施组装斜绳纹。下腹斜内收，底较平。残宽14.4、残高4.3厘米（图二六，5）。

折沿罐　1件。

标本T0203⑨：15，夹粗砂红陶，局部泛灰。器表施斜细绳纹。侈口，折沿，圆唇，上腹微外斜，残。手制、轮修，火候低。残宽4.6、残高5.7厘米（图二六，6）。

窄折沿罐　10件。

Ⅰ式　7件。

标本T0203⑨：14，夹细砂黄褐陶，局部泛红，灰胎，内壁黑色。外沿与上腹相交处施附加堆纹，其上施戳印纹，器表施方格形绳纹。侈口，折沿，圆唇，上腹微外弧，残。轮制，火候低。口径20.4、残高7.6厘米（图二六，7）。

标本T0203⑨：17，夹粗砂红陶，局部黑、灰，黑胎。上腹施方格形绳纹和3道凹弦纹。侈口，折沿，圆唇，上腹微束，残。轮制，火候低。口径23、残高6.4厘米（图二六，8）。

Ⅱ式　3件。

标本T0203⑨：21，泥质红陶，局部泛黑，红胎、局部灰。上腹施2道凸弦纹。侈口，折沿、沿下角较小，圆唇，上腹略呈"八"字形，残。轮制，火候低。口径24、残高6.8厘米（图二六，10）。

标本T0204⑧：4，夹细砂黑陶，灰褐胎。外沿施1道凸弦纹。侈口，折沿、沿下夹角较小，圆唇，残。轮制，火候低。口径33、残高3.4厘米（图二六，9）。

窄卷沿罐　2件。两探方各1件，无标本。

高领罐　1件。A型Ⅰ式。

标本T0204⑧：2，夹细砂红陶，局部、胎、内壁黄褐。素面。喇叭口，圆唇，残。轮制，火候较低。口径10、残高2.3厘米（图二六，11）。

罐底　8件。

标本T0204⑧：9，夹细砂黑陶，局部、内壁黄褐。器表施方格形绳纹。下腹斜内收，平底内凹，残。轮制，火候较高。底径7.4、残高4.8厘米（图二六，12）。

小侈口罐　6件。A型。

标本T0204⑧：15，夹细砂黄褐陶，局部灰褐，胎、内壁灰黑。上腹残存2个竖椭圆形泥塑。侈口，卷沿，圆唇，鼓腹，残。手制、轮修，火候低。残宽5.2、残高5.6厘米（图二七，1）。

标本T0204⑧：19，夹细砂黄褐陶，局部红，灰胎，内壁灰黑。素面。侈口，卷沿，圆唇，

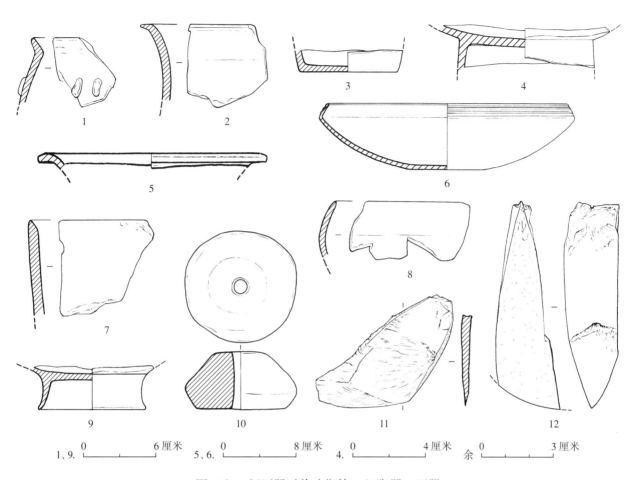

1、9. ├──────────┤ 6厘米　　5、6. ├──────────┤ 8厘米　　4. ├──────────┤ 4厘米　　余 ├──────────┤ 3厘米

图二七　新石器时代晚期第4组陶器、石器

1、2. A 型小侈口陶罐（T0204⑧：15、19）　3. 小陶罐底（T0204⑧：21）　4. 陶豆（T0204⑧：22）　5. B 型Ⅱ式折沿陶盆（T0204⑧：24）　6. 陶盘（T0203⑨：1）　7. 陶杯（T0203⑨：26）　8. 敛口陶钵（T0204⑧：23）　9. 陶圈足（T0203⑨：24）　10. A 型陶纺轮（T0203⑨：3）　11. 石刮削器（T0203⑨：4）　12. A 型石斧（T0204⑧：1）

上腹微束，残。轮制，火候低。残宽 3.3、残高 3.4 厘米（图二七，2）。

　　小罐底　2 件。

　　标本 T0204⑧：21，泥质黄褐陶，局部灰。素面。下腹微斜内收，小平底，残。轮制，火候较低。底径 4、残高 0.9 厘米（图二七，3）。

　　折沿盆　2 件。B 型Ⅱ式。

　　标本 T0204⑧：24，夹细砂黑陶，局部黄褐。素面。敞口，折沿微外下斜，残。轮制，火候较低。口径 25、残高 1.8 厘米（图二七，5）。

　　豆　1 件。

　　标本 T0204⑧：22，泥质黑陶，内壁黄褐。素面，器表和内壁精细磨光。残存少部分豆盘及柄部，盘底略圜，柄上部略斜直。分制，火候较高。残宽 9.4、残高 2.3 厘米（图二七，4）。

　　盘　1 件。

标本 T0203⑨：1，泥质黄褐陶，局部红或泛灰。外沿施 3 道凹弦纹。敛口，内折沿，圆唇，弧腹，平底，修复。轮制，火候较低。口径 26、底径 8、高 7 厘米（图二七，6；彩版一一，2）。

敛口钵　3 件。

标本 T0204⑧：23，夹细砂红褐陶，胎、内壁灰褐。素面。敛口，圆唇，鼓腹，残。手制、轮修，火候极低。残宽 4.8、残高 2.4 厘米（图二七，8）。

杯　1 件。

标本 T0203⑨：26，泥质红陶，局部黄褐。素面。口近直，圆唇，腹较直，残。手制，火候较低。残宽 3.9、残高 3.9 厘米（图二七，7）。

圈足　1 件。

标本 T0203⑨：24，夹粗砂红陶，局部褐，灰胎。素面。下腹斜内收，圈足微外撇，残。分制，火候较低。足径 8.8、残高 3.6 厘米（图二七，9）。

纺轮　1 件。A 型。

标本 T0203⑨：3，夹细砂黑陶，局部红、黄。素面。整体形似算珠，顶略小、弧，腰下部折内收，底较平，中部圆形穿。基本完整。手制，火候较低。最大径 4.5、底径 3.6、厚 2.3 厘米（图二七，10；彩版一一，3）。

2. 石器

第 4 组文化层出土石器很少，仅 4 件，可分为打制与磨制两类。

（1）打制石器

2 件。皆为刮削器。

标本 T0203⑨：4，灰褐色砾石。整体略呈扁平状月牙形，弧刃。长 6.7、宽 3、厚 0.6 厘米（图二七，11）。

（2）磨制石器

2 件。为斧、凿两种。

斧　1 件。A 型。

标本 T0204⑧：1，灰白色砾石，器表散见棕色线形石纹。体厚，弧刃，正锋，残。磨制精细。残长 8.2、残宽 2.6、厚 2.3 厘米（图二七，12；彩版一一，4）。

凿　1 件。

标本 T0203⑨：5，深灰与灰白色砾石。残存刃部，直刃，偏锋。磨制较精细。残长 4.3、宽 3.2、厚 1.1 厘米（彩版一一，5）。

五、第 5 组

第 5 组只有 T0204⑦层和 T0205⑥层 2 个文化层而没有遗迹单位。出土遗物以陶器为主，石器很少。

1. 陶器

（1）陶系

T0204⑦层　出土陶器 101 件。

陶质以夹砂略多，约占 52.48%，泥质稍少，约占 47.52%。夹砂陶可分为夹粗砂和夹细砂两类，以夹细砂为主，占 30.69%，夹粗砂较少，占 21.78%。陶色以红为主，约占 33.66%，次为黑陶和黄褐陶，约各占 23.76% 和 22.77%。灰陶较少，约占 14.85%，褐陶和灰褐陶很少，各占 3.96% 和 0.99%。器表以纹面为主，约占 58.42%，素面较少，约占 41.58%。纹饰以绳纹为主，约占 41.58%，多为细绳纹，约占 23.76%，菱形绳纹较少，约占 8.91%，方格形绳纹和粗绳纹很少，各占 5.94% 和 2.97%。次为复合纹，约占 8.91%。附加堆纹和戳印纹较少，各占 3.96% 和 2.97%，凸弦纹很少，仅占 0.99%。器物种类以罐为主，约占 52.48%，次为瓮，约占 39.60%，盆、钵很少，各占 2.97% 和 0.99%，另有 3.96% 的陶器腹片不辨器形（表一一）。

T0205⑥层　出土陶器 108 件。

陶质以夹砂略多，约占 55.56%，泥质略少，约占 44.44%。夹砂陶可分夹粗砂与夹细砂两类，夹粗砂较多，占 35.19%，夹细砂略少，占 20.37%。陶色以红为主，约占 29.63%，次为黑陶和褐陶，各占 25% 和 21.30%，灰褐陶较少，占 19.44%，灰陶最少，占 4.63%。器表纹面与素面几乎相当，纹面约占 50.93%，素面占 49.07%。纹饰以绳纹为主，约占 32.41%，细绳纹最多，占 19.44%，次为菱形绳纹，占 8.33%，粗绳纹和方格形绳纹较少，各占 2.78% 和 1.85%。次为复合纹，占 8.33%。凹凸弦纹较少，约占 5.56%，附加堆纹、划纹和戳印纹很少，分别仅占 1.85%、1.85% 和 0.93%。器物种类以瓮和罐为主，各占 46.30%，纺轮和缸很少，各占 1.85% 和 0.93%，另有 4.63% 的陶器腹片不能辨识器形（表一二）。

（2）器类

第 5 组共出陶器 209 件，参加分类排队的有 33 件，挑选标本 21 件。

高领瓮　3 件，其中 2 件为底部。

Ba 型Ⅰ式　1 件。

标本 T0204⑦：3，泥质红陶，内壁口沿部灰，灰胎。素面。喇叭口，沿外下折，圆唇，残。轮制，火候较高。残宽 7.2、残高 4.2 厘米（图二八，1）。

瓮形器　1 件。

标本 T0204⑦：2，夹细砂红陶，黑胎，内壁黄褐。唇部施斜绳切纹。敞口，方唇，残。手制，火候较低。残宽 6.8、残高 1.8 厘米（图二八，2）。

缸　1 件。

标本 T0205⑥：2，夹粗砂黄褐陶，内壁黑。器表施斜绳纹。敞口，圆唇，上腹斜内收，残。轮修，火候较低。残宽 5.4、残高 9.2 厘米（图二八，3）。

窄折沿罐　1 件。Ⅱ式。

表一一　T0204 ⑦层出土陶器统计表

陶色	夹砂·粗砂 红	黑	灰	褐	黄褐	小计	百分比(%)	夹砂·细砂 红	黑	褐	黄褐	小计	百分比(%)	夹砂合计	百分比(%)	泥质 红	黑	灰	灰褐	黄褐	小计	百分比(%)	总计	百分比(%)
粗绳纹										2		2	1.98	2	1.98			1			1	0.99	3	2.97
细绳纹	3	1				4	3.96	4	1		2	7	6.93	11	10.89	7	2	2		2	13	12.87	24	23.76
方格形绳纹									1		2	3	2.97	3	2.97	1	1			1	3	2.97	6	5.94
菱形绳纹	2			1	2	5	4.95	1				1	0.99	6	5.94				1	2	3	2.97	9	8.91
复合纹	3		1			4	3.96		1		1	2	1.98	6	5.94					3	3	2.97	9	8.91
附加堆纹											1	1	0.99	1	0.99	1		1		1	3	2.97	4	3.96
凸弦纹																1					1	0.99	1	0.99
戳印纹		3				3	2.97							3	2.97								3	2.97
素面	1	3	2			6	5.94	6	4	1	4	15	14.85	21	20.79	4	7	8		2	21	20.79	42	41.58
合计	9	7	3	1	2	22	21.78	11	7	3	10	31	30.69	53	52.48	14	10	12	1	11	48	47.52	101	100.00
百分比(%)	8.91	6.93	2.97	0.99	1.98	21.78		10.89	6.93	2.97	9.90	30.69		52.48		13.86	9.90	11.88	0.99	10.89	47.52		100.00	
瓮	2				1			1	2	2	3					9	3	8		9			40	39.60
罐	6	7	3	1				8	4	1	7					4	6	3	1	2			53	52.48
盆					1			1								1							3	2.97
钵																	1						1	0.99
不明器	1							1	1									1					4	3.96

表一二 T0205⑥层出土陶器统计表

陶质	夹砂													泥质								
	粗砂						细砂					合计	百分比(%)	红	黑	灰	褐	灰褐	小计	百分比(%)	总计	百分比(%)
陶色	红	黑	褐	灰褐	小计	百分比(%)	红	黑	灰褐	小计	百分比(%)											
粗绳纹	1			1	1	0.93						1	0.93	1	1				2	1.85	3	2.78
细绳纹	1	4	5		10	9.26	1		2	3	2.78	13	12.04	4	1			3	8	7.41	21	19.44
方格形绳纹							1			1	0.93	1	0.93	1					1	0.93	2	1.85
菱形绳纹	3	1	2		6	5.56						6	5.56					3	3	2.78	9	8.33
复合纹			3		3	2.78	2			2	1.85	5	4.63		1			3	4	3.70	9	8.33
附加堆纹			1		1	0.93						1	0.93					1	1	0.93	2	1.85
凹凸弦纹		1			1	0.93						1	0.93		1	1	2	1	5	4.63	6	5.56
划纹									2	2	1.85	2	1.85								2	1.85
戳印纹		1			1	0.93						1	0.93								1	0.93
素面	4	4	7		15	13.89	7	6	1	14	12.96	29	26.85	7	6	4	3	4	24	22.22	53	49.07
合计	8	11	18	1	38	35.19	11	6	5	22	20.37	60	55.56	13	10	5	5	15	48	44.44	108	100.00
百分比(%)	7.41	10.19	16.67	0.93	35.19		10.19	5.56	4.63	20.37		55.56		12.04	9.26	4.63	4.63	13.89	44.44		100.00	
缸				1																		1	0.93
瓮	3	4	4				4	5	1					8	5	2	4	10			50	46.30
罐	5	7	13				6	4	4					5	4	2	1	4			50	46.30
纺轮							1	1										1			2	1.85
不明器			1				1								1	1	1	1			5	4.63

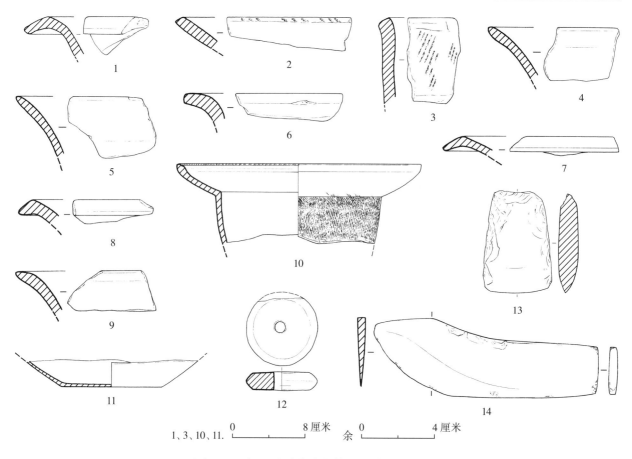

1、3、10、11.　├─────────┤ 8厘米　余 ├────────┤ 4厘米
　　　　　　　　　0　　　　　　　　　　0

图二八　新石器时代晚期第 5 组陶器、石器

1. Ba 型 I 式高领陶瓮（T0204 ⑦：3）　2. 陶瓮形器（T0204 ⑦：2）　3. 陶缸（T0205 ⑥：2）　4、5. 宽卷沿陶罐（T0204 ⑦：10、13）　6. 窄卷沿陶罐（T0205 ⑥：5）　7、8. A 型 II 式高领陶罐（T0204 ⑦：7、8）　9. Bb 型高领陶罐（T0204 ⑦：9）　10. 宽沿盘口陶罐（T0204 ⑦：14）　11. 陶盆底（T0205 ⑥：14）　12. B 型陶纺轮（T0205 ⑥：6）　13. A 型石斧（T0204 ⑦：1）　14. A 型石刀（T0205 ⑥：1）

　　标本 T0205 ⑥，碎小。

　　宽卷沿罐　4 件。

　　标本 T0204 ⑦：10，夹细砂红陶，灰胎。素面。侈口，卷沿，圆唇，残。轮制，火候较高。残宽 4、残高 2.9 厘米（图二八，4）。

　　标本 T0204 ⑦：13，夹细砂红陶，灰黑胎。素面。侈口，卷沿，圆唇，残。轮制，火候较高。残宽 4.8、残高 3.3 厘米（图二八，5）。

　　窄卷沿罐　1 件。

　　标本 T0205 ⑥：5，夹细砂黑陶，灰黑胎。素面。侈口，卷沿，圆唇，残。轮制，火候较高。残宽 6、残高 1.4 厘米（图二八，6）。

　　高领罐　3 件。

　　A 型 II 式　2 件。

标本 T0204⑦：7，夹细砂灰陶，灰褐胎，内壁局部泛红。侈口，折沿外下斜，圆唇，残。轮制，火候较低。残宽 6、残高 1 厘米（图二八，7）。

标本 T0204⑦：8，夹细砂黄褐陶，黑胎。素面。侈口，折沿外下斜，圆唇，残。轮制，火候较高。残宽 4.4、残高 1.3 厘米（图二八，8）。

Bb 型　1 件。

标本 T0204⑦：9，夹细砂黑陶，红胎。素面。侈口，卷沿，圆唇，残。轮制，火候较高。残宽 5、残高 2.2 厘米（图二八，9）。

宽沿盘口罐　1 件。

标本 T0204⑦：14，夹粗砂红陶，局部黄褐，黑胎。内唇沿施戳印纹，腹施斜细绳纹。盘口，宽折沿，圆尖唇，上腹微弧内收，残。轮制，火候较高。口径 27、残高 8.5 厘米（图二八，10）。

折沿盆　2 件。其中 1 件为盆底。

A 型 I 式　1 件。

标本 T0205⑥：13，夹细砂黑陶。素面。敞口，折沿，圆唇，残。轮制，火候较低。残宽 4.3、残高 3.6 厘米（彩版一二，1）。

盆底　1 件。

标本 T0205⑥：14，泥质黑陶。素面。下腹斜内收，平底，残。轮制，火候较高。底径 11、残高 3 厘米（图二八，11）。

器盖　1 件。

标本 T0205⑥：15，夹粗砂黄褐陶，内壁局部黑。器表施菱形绳纹和 4 周凹弦纹。敞口，盖壁较斜直，圆唇，残。轮制，火候较低。残宽 2.5、残高 1 厘米（彩版一二，2）

纺轮　2 件。

B 型　1 件。

标本 T0205⑥：6，夹细砂红陶，局部泛黄。素面。整体略呈圆饼形，顶、底较平，凸腰，中部圆形穿，基本完整。手制，火候较高。直径 3.9、穿径 0.6、厚 1 厘米（图二八，12；彩版一二，3）。

C 型　1 件。

标本 T0205⑥：7，夹细砂灰褐陶，局部灰。素面。整体呈凸台形，顶略弧，底较平，中部圆形穿，可复原。手制，火候较低。底径 4、穿径 0.6、厚 2 厘米（彩版一二，4）。

2. 石器

第 5 组出土石器极少，仅有斧、刀各 1 件。

斧　1 件。A 型。

标本 T0204⑦：1，灰色砾石，局部可见灰黑色沁。整体略呈梯形，顶残，弧刃，中锋。磨制。长 5.3、宽 3.8、厚 1.3 厘米（图二八，13；彩版一二，5）。

刀　1 件。A 型。

标本 T0205 ⑥：1，浅灰色砾石，器表可见白色条状石纹。为不规则扁平矛形，弧刃，基本完整。磨制较精细。长 12.2、宽 4.1、厚 0.6 厘米（图二八，14；彩版一二，6）。

六、第 6 组

第 6 组是本遗址新石器时代文化层和遗迹最多的一组，有 T0103 ⑪、T0202 ⑤、T0203 ⑧ B、T0204 ⑥、T0205 ⑤、T0302 ⑧、T0303 ⑥、T0304 ⑤、T0402 ⑦、T0502 ⑦层 10 个文化层，以及开口于相关地层下的 H12、H13、H14、H18、H22 和 D1。

（一）遗迹

1. 灰坑　共 5 个。

（1）乙类　1 个。

H14

位置：位于 T0302 西北部。

层位关系：⑧—H14→⑨。

形制：坑口平面略呈椭圆形，东北部略高于西南部，高差约 16 厘米。坑壁较直，底较斜，东北部略高于西南部 5 厘米。坑壁、底未见加工痕迹。口长径 56、短径 44、深 12~22 厘米（图二九；彩版一三，1）。

填土与包含物：填土为黑灰色沙黏土，质稍硬、较致密，夹零星炭粒和烧土粒。

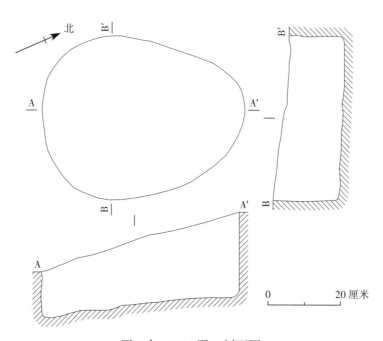

图二九　H14 平、剖面图

出土陶器9件且碎小。陶质以夹砂为主，占88.89%，泥质仅占11.11%。夹砂陶分为夹粗砂和夹细砂两种，分别占66.67%和22.22%。陶色以褐陶为主，占55.56%，灰陶占33.33%，黄褐陶仅占11.11%。器表以素面为主，占66.67%，纹面占33.33%。纹饰以方格形绳纹稍多，占22.22%，菱形绳纹占11.11%。器物种类以罐为主，占66.67%，瓮较少，仅占22.22%，另有11.11%不能辨识器形。

（2）丙类　4个。

A型　2个。

Aa型　1个。

H12

位置：位于T0302东北部。

层位关系：⑧—H12→⑨。

形制：坑口平面略呈椭圆形，弧壁、圜底，坑壁、底不见加工痕迹。口长径72、短径58、深19厘米（图三〇；彩版一三，2）。

填土与包含物：填土为黑灰色沙黏土，质稍硬、较致密，夹零星炭粒和烧土粒。

出土陶器共18件。陶质以夹砂为主，占83.33%，泥质陶较少，仅占16.67%。夹砂陶分为夹粗砂和夹细砂两种，分别占27.78%和55.56%。陶色以红陶和灰褐陶为主，各占38.89%

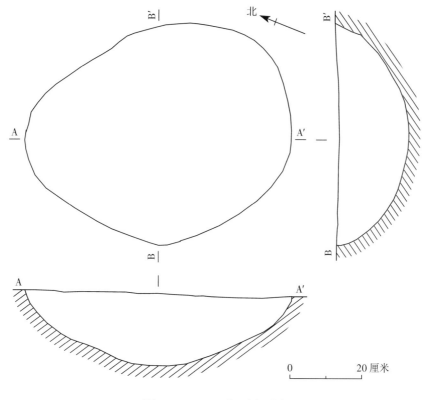

图三〇　H12平、剖面图

和 33.33%，黑陶较少，占 16.67%，灰陶和黄褐陶很少，仅各占 5.56%。器表以素面为主，占 77.78%，纹面占 22.22%。纹饰多复合纹，占 11.11%，细绳纹、凸弦纹仅各占 5.56%。器物种类以瓮、罐为主，各占 44.44%，另有 2 件不能辨识器形（表一三）。

Ab 型　1 个。

H13

位置：位于 T0302 东部。

层位关系：⑧—H13→⑨，打破开口于⑨层下的 H20。

形制：坑口平面呈较规则椭圆形，坑壁上部内弧、下部较直，底部东高西低，高差约 5 厘米，坑壁、底未见加工痕迹。口长径 48、短径 31、底长径 30、短径 22、深 30~36 厘米（图三一；彩版一三，3）。

填土与包含物：填土为黑灰色沙黏土，质稍硬、较致密，夹零星炭粒和烧土粒。

出土陶器仅 5 件。陶质全为夹砂陶，分为夹粗砂和夹细砂两种，分别占 80% 和 20%。陶色以红陶为主，占 60%，灰褐和黄褐陶各占 20%。器表以素面为主，占 60%，纹面占 40%。纹饰仅粗绳纹和复合纹两种，各占 20%。器物种类瓮最多，占 80%，罐占 20%。

B 型　2 个。

表一三　H12 出土陶器统计表

陶质	夹砂									合计	百分比（%）	泥质					总计	百分比（%）
	粗砂					细砂												
陶色	红	黑	黄褐	小计	百分比（%）	红	灰褐	小计	百分比（%）			红	黑	灰	小计	百分比（%）		
细绳纹		1		1	5.56					1	5.56						1	5.56
复合纹	1			1	5.56					1	5.56				1	5.56	2	11.11
凸弦纹												1			1	5.56	1	5.56
素面	1	1	1	3	16.67	4	6	10	55.56	13	72.22		1		1	5.56	14	77.78
合计	2	2	1	5	27.78	4	6	10	55.56	15	83.33	1	1	1	3	16.67	18	100.00
百分比（%）	11.11	11.11	5.56	27.78		22.22	33.33	55.56		83.33		5.56	5.56	5.56	16.67		100.00	
瓮	1					3	1					1	1	1			8	44.44
罐		2	1			1	4										8	44.44
不明器	1					1											2	11.11

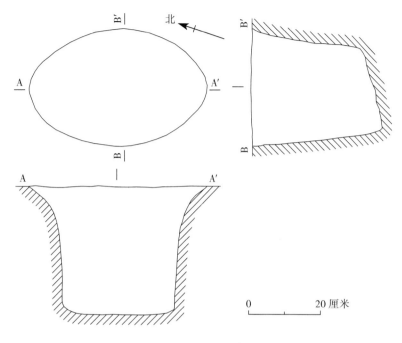

图三一　H13 平、剖面图

Ba 型　1 个。

H22

位置：位于 T0402 北部。

层位关系：⑦—H22→⑧。

形制：坑口平面略呈圆形，弧壁，圜底、略有不平，坑壁、底无加工痕迹。口径 80~86、深 14~16 厘米（图三二）。

填土与包含物：填土为灰黑色沙黏土，质稍硬、致密，夹零星炭粒和烧土粒。

出土陶器仅 6 件，皆碎小。陶质以夹砂为主，占 83.33%，泥质陶仅占 16.67%。夹砂陶分为夹粗砂和夹细砂两种，分别占 33.33% 和 50%。陶色以灰、黑陶为主，各占 33.33%，红、褐陶较少，各占 16.67%。器表以素面为主，约占 66.67%，纹面较少，仅占 33.33%。细绳纹和划纹各占 16.67%。器物种类全为罐。

Bc 型　1 个。

H18

位置：位于 T0302 东南部，部分压在南壁下。

层位关系：⑧—H18→⑨。

形制：从暴露部分观察，坑口平面略呈圆形，坑壁不规整，东壁和北壁略呈阶梯状，西壁弧，底部略平，坑壁、底无加工痕迹。口径 70、底径 28~32、深 40 厘米（图三三）。

填土与包含物：填土为深灰褐色沙黏土，质稍硬、致密，夹零星炭粒和烧土粒。

出土陶器 14 件。陶质夹砂和泥质各占 50%。夹砂陶分为夹粗砂和夹细砂两种，分别占 28.57%

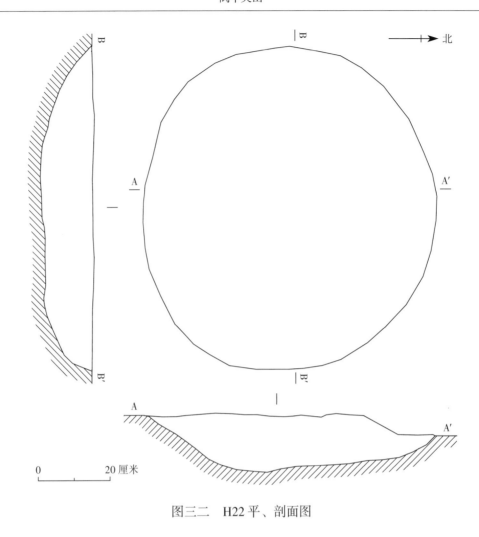

图三二　H22 平、剖面图

和 21.43%。陶色以红陶为主，占 50%，次为黑陶，占 28.57%，黄褐陶占 14.29%，灰陶仅占 7.14%。器表以素面为主，占 64.29%，纹面较少，占 35.71%。纹饰中细绳纹稍多，占 14.29%，粗绳纹、菱形绳纹和弦纹仅各占 7.14%。器物种类以罐为主，占 64.29%，瓮仅占 7.14%，另有 28.57% 的腹片不能辨识器形。

2. 柱洞　1 个。

D1

位置：位于 T0302 东北部，距地表 135 厘米。

层位关系：⑧—D1 →⑨。

形制：洞口平面呈圆形，洞壁斜直，斜平底，东北高于西南，高差约 7 厘米。洞壁、底无加工痕迹。口径 26、底径 18、深 22~30 厘米（图三四；彩版一三，4）。

填土与包含物：填土为黑灰色沙黏土，质较硬、较致密，夹零星炭粒和较多烧土粒。

出土陶器仅 4 件，皆较碎小。陶质夹砂与泥质各占 50%。陶色以灰陶为主，约占 50%，红、黑陶较少，各占 25%。器表全为素面。可辨器形只有罐。

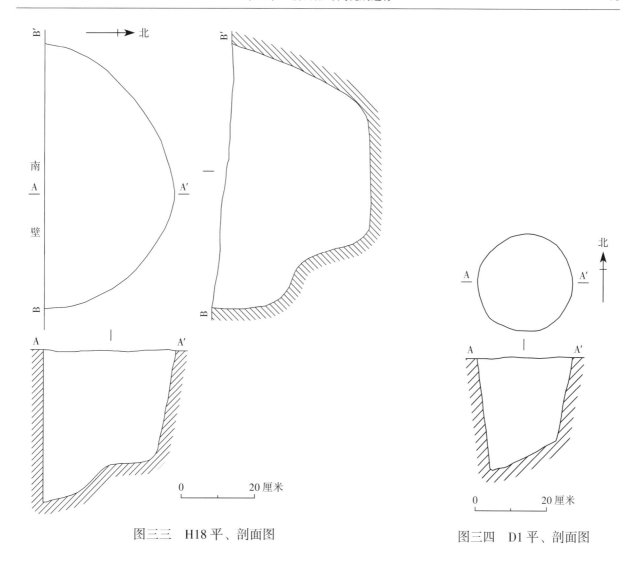

图三三 H18 平、剖面图

图三四 D1 平、剖面图

（二）文化层

第 6 组文化层共 10 个单位，出土遗物主要为陶器和石器。

1. 陶器

10 个文化层中，除 T0205 ⑤层外，其余 9 个地层共出陶器 1266 件，其中 T0103 ⑪层 102 件、T0202 ⑤层 337 件、T0203 ⑧B 层 144 件、T0204 ⑥层 125 件、T0302 ⑧层 190 件、T0303 ⑥层 198 件、T0304 ⑤层 29 件、T0402 ⑦层 88 件、T0502 ⑦层 53 件。

（1）陶系

T0103 ⑪层 出土陶器 102 件。

陶质以夹砂略多，约占 55.88%，泥质约占 44.12%。夹砂陶分为夹粗砂和夹细砂两种，各占 27.45% 和 28.43%。陶色以黑陶和红陶为主，各占 26.47% 和 25.48%，黄褐陶、褐陶和灰陶较少，各占 18.62%、16.66% 和 12.74%。器表以纹面为主，约占 59.80%，素面较少，占 40.20%。器物种类以罐为主，约占 53.92%，次为瓮，占 36.27%，盆、钵很少，各占 0.98% 和 1.96%，另有 6.86% 的腹片不能辨识器形。

T0202 ⑤层　出土陶器 337 件。

陶质以泥质为主，约占 60.74%，夹砂较少，占 39.26%。夹砂陶分为夹粗砂和夹细砂两种，夹粗砂略多，占 21.49%，夹细砂较少，占 17.77%。陶色以黄褐陶为主，约占 30.50%，次为红陶，占 21.48%，黑、灰陶较多，各占 16.97% 和 16.44%，褐陶和灰褐陶较少，各占 9.29% 和 5.31%。器表以素面为主，约占 61.01%，纹面较少，占 38.99%。器物种类以瓮为主，约占 54.64%，次为罐，占 31.30%，盆、钵、纺轮都很少，仅各占 1.33%、1.06% 和 0.53%，另有 11.14% 的腹片不能辨识器形。

T0203 ⑧ B 层　出土陶器 144 件。

陶质以夹砂略多，约占 51.39%，泥质略少，约占 48.61%。夹砂陶分为夹粗砂和夹细砂两种，以夹细砂为主，占 29.17%，夹粗砂略少，占 22.22%。陶色以黑、红陶为主，各占 27.78% 和 27.08%，次为灰陶和黄褐陶，各占 20.14% 和 15.28%，灰褐陶和褐陶最少，各占 4.86% 和 4.86%。器表纹面略多，约占 52.78%，素面略少，约占 47.22%。纹饰以绳纹为主，约占 29.17%，多为细绳纹，约占 15.97%，菱形绳纹和方格形绳纹较少，各占 6.25% 和 4.17%，粗绳纹最少，仅占 2.78%。次为复合纹，约占 12.5%。附加堆纹和凹凸弦纹较少，各占 5.56% 和 4.86%，戳印纹最少，仅占 0.69%。器物种类以瓮、罐为主，各占 45.14% 和 43.75%，缸、盆、钵很少，各占 2.78%、1.39% 和 0.69%，另有 6.25% 的腹片不能辨识器形（表一四）。

T0204 ⑥层　出土陶器 125 件。

陶质以夹砂为主，约占 58.40%，泥质较少，约占 41.60%。夹砂陶分为夹粗砂和夹细砂两种，夹细砂较多，占 32.80%，夹粗砂略少，占 25.60%。陶色以红陶为主，约占 27.20%，次为灰陶，约占 20.80%，黄褐、黑、灰褐陶较少，各占 16.80%、14.40% 和 13.60%，褐陶最少，仅占 7.20%。器表以纹面为主，约占 64%，素面较少，约占 36%。纹饰以绳纹为主，约占 44.80%，多为细绳纹和菱形绳纹，各占 20% 和 16.80%，粗绳纹和方格形绳纹较少，仅各占 4%。次为复合纹，约占 11.20%，附加堆纹较少，约占 6.40%，弦纹和划纹很少，仅各占 0.80%。器物种类以罐和瓮为主，各占 47.20% 和 46.40%，缸、杯很少，各占 1.60% 和 0.80%，另有 4% 的腹片不能辨识器形。

T0302 ⑧层　出土陶器 190 件。

陶质以夹砂陶略多，约占 55.26%，泥质陶略少，约占 44.74%。夹砂陶分为夹粗砂和夹细砂两种，夹细砂多于夹粗砂，各占 34.74% 和 20.53%。陶色以灰陶为主，约占 30.00%，次为红、黑、灰褐陶，分别占 19.47%、17.37% 和 15.79%，褐陶和黄褐陶最少，各占 9.47% 和 7.89%。器表纹面和素面各占 50.00%，纹饰以绳纹为主，约占 24.21%，多为细绳纹和菱形绳纹，各占 12.11% 和 9.47%，方格形绳纹和粗绳纹很少，各占 2.11% 和 0.53%。次为复合纹，约占 10.00%，附加堆纹和弦纹较少，各占 8.42% 和 5.26%，划纹和戳印纹很少，各占 1.58% 和 0.53%。器物种类以瓮为主，

表一四　T0203⑧B层出土陶器统计表

陶质	夹砂·粗砂 红	黑	灰	褐	灰褐	小计	百分比(%)	夹砂·细砂 红	黑	灰	褐	小计	百分比(%)	夹砂合计	百分比(%)	泥质 红	黑	灰	褐	黄褐	小计	百分比(%)	总计	百分比(%)
粗绳纹			1		1	2	1.39							2	1.39		1	1			2	1.39	4	2.78
细绳纹	4	1		1	1	7	4.86	1		1		2	1.39	9	6.25	5	2	2		5	14	9.72	23	15.97
方格形绳纹				1		1	0.69		1			1	0.69	2	1.39	1	2	1			4	2.78	6	4.17
菱形绳纹				2		2	1.39		2			2	1.39	4	2.78	2	1			2	5	3.47	9	6.25
复合纹		2			2	4	2.78	1	3	2		6	4.17	10	6.94	3		1		4	8	5.56	18	12.50
附加堆纹		2				2	1.39			1		1	0.69	3	2.08			2		3	5	3.47	8	5.56
凹凸弦纹									4	2		6	4.17	6	4.17					1	1	0.69	7	4.86
戳印纹																1					1	0.69	1	0.69
素面	3	7		1	3	14	9.72	5	11	7	1	24	16.67	38	26.39	13	1	8	1	7	30	20.83	68	47.22
合计	7	12	1	5	7	32	22.22	7	21	13	1	42	29.17	74	51.39	25	7	15	1	22	70	48.61	144	100.00
百分比(%)	4.86	8.33	0.69	3.47	4.86		22.22	4.86	14.58	9.03	0.69		29.17		51.39	17.36	4.86	10.42	0.69	15.28		48.61		100.00
缸																	1	3					4	2.78
瓮	6	2	1		2			4	7	6						16	4	6		11			65	45.14
罐		10		3	5			1	13	6						9	2	4	1	9			63	43.75
盆																				2			2	1.39
钵	1																						1	0.69
不明器				2				2	1	1	1							2					9	6.25

占 50.00%，次为罐，占 47.89%，钵、杯很少，仅各占 0.53%，另有 1.05% 的腹片不能辨识器形（表一五）。

T0303 ⑥层　出土陶器 198 件。

陶质以泥质略多，约占 54.55%，夹砂略少，占 45.45%。夹砂陶分为夹粗砂和夹细砂两种，夹粗砂较多，占 30.30%，夹细砂较少，占 15.15%。陶色以黑陶最多，占 26.27%，次为红、黄褐陶，各占 22.73% 和 20.21%，灰陶较少，占 15.67%，灰褐陶和褐陶最少，各占 8.59% 和 6.57%。器表以素面为主，约占 59.09%，纹面占 40.91%。纹饰以绳纹为主，约占 22.22%，多为菱形绳纹，占 13.64%，细绳纹较少，占 5.56%，粗绳纹和方格形绳纹很少，各占 2.53% 和 0.51%。复合纹、弦纹、附加堆纹和戳印纹较少，各占 6.06%、5.05%、4.04% 和 3.03%，划纹最少，仅占 0.51%。器物种类以瓮为主，占 48.49%，次为罐，占 44.44%，缸、盆很少，分别占 1.52%、1.01%。杯、钵和圈足器最少，各占 0.51%，另有 3.03% 的腹片不能辨识器形。

T0304 ⑤层　出土陶器 29 件。

陶质以泥质略多，约占 51.72%，夹砂略少，占 48.28%。夹砂陶分为夹粗砂和夹细砂两种，夹细砂略多，占 27.59%，夹粗砂略少，占 20.69%。陶色以灰陶最多，占 37.93%，次为红陶，占 24.14%，灰褐陶较多，约占 17.24%，黑、褐、黄褐陶最少，各占 6.90%。器表以素面为主，约占 65.52%，纹面较少，占 34.48%。纹饰以绳纹为主，约占 24.14%，多为细绳纹，占 17.24%，菱形绳纹较少，占 6.90%。复合纹和附加堆纹较少，分别占 6.90% 和 3.45%。器物种类以罐为主，约占 65.52%，次为瓮，占 27.59%，缸、杯较少，各占 3.45%。

T0402 ⑦层　出土陶器 88 件。

陶质以夹砂较多，约占 53.41%，泥质略少，占 46.59%。夹砂陶分为夹粗砂和夹细砂两种，分别占 21.59% 和 31.82%。陶色以灰、黑陶为主，各占 29.54% 和 28.40%，次为黄褐陶和红陶，各占 19.31% 和 14.77%，褐陶和灰褐陶很少，各占 4.54% 和 3.41%。器表纹面略多，约占 51.14%，素面略少，占 48.86%。纹饰以绳纹为主，约占 36.36%，多为细绳纹，占 22.73%，菱形绳纹和方格形绳纹较少，各占 7.95% 和 4.54%，粗绳纹很少，仅占 1.14%。附加堆纹、弦纹和复合纹较少，各占 5.68%、4.54% 和 3.42%，戳印纹很少，仅占 1.14%。器物种类以罐为主，占 49.99%，次为瓮，占 42.05%，钵很少，占 4.55%，另有 3.41% 的腹片不能辨识器形。

T0502 ⑦层　出土陶器 53 件。

陶质夹砂与泥质略相同，夹砂约占 50.94%，泥质占 49.06%。夹砂陶分为夹粗砂和夹细砂两种，夹细砂较多，占 30.19%，夹粗砂占 20.75%。陶色以黑陶和灰褐陶为主，各占 32.07% 和 28.30%，次为红、灰陶，各占 16.98%，黄褐陶最少，占 5.66%。器表以素面为主，约占 79.25%，纹面较少，占 20.75%。纹饰以绳纹为主，约占 11.32%，粗绳纹、细绳纹各占 3.77%，菱形绳纹和方格形绳纹很少，各占 1.89%。弦纹较少，占 5.66%，附加堆纹和戳印纹很少，各占 1.89%。器物种类以罐为主，占 58.49%，次为瓮，占 39.62%，另有 1.89% 的腹片不能辨识器形。

表一五　T0302⑧层出土陶器统计表

陶质	夹砂																	泥质						总计	百分比(%)
陶色	粗砂·红	黑	灰	褐	灰褐	小计	百分比(%)	细砂·红	黑	灰	褐	灰褐	黄褐	小计	百分比(%)	合计	百分比(%)	红	黑	灰	灰褐	小计	百分比(%)		
粗绳纹												1		1	0.53	1	0.53							1	0.53
细绳纹		1	1		3	5	2.63		1	3	2	2	3	11	5.79	16	8.42	2	1	1	3	7	3.68	23	12.11
方格形绳纹									1			1		2	1.05	2	1.05			2		2	1.05	4	2.11
菱形绳纹				2	2	4	2.11		1				1	2	1.05	6	3.16	8	3		1	12	6.32	18	9.47
复合纹	1			2	1	4	2.11			3	1			4	2.11	8	4.21		4	5	2	11	5.79	19	10.00
附加堆纹		1	3			4	2.11	1	2			1		4	2.11	8	4.21	2	1	5		8	4.21	16	8.42
弦纹					1	1	0.53						2	2	1.05	3	1.58	3	3	1		7	3.68	10	5.26
戳印纹																		1				1	0.53	1	0.53
划纹									1	1				2	1.05	2	1.05			1		1	0.53	3	1.58
素面	3	5	6	6	1	21	11.05	8	4	8	5	4	9	38	20.00	59	31.05	8	4	17	7	36	18.95	95	50.00
合计	4	7	10	10	8	39	20.53	9	10	15	8	9	15	66	34.74	105	55.26	24	16	32	13	85	44.74	190	100.00
百分比(%)	2.11	3.68	5.26	5.26	4.21	20.53		4.74	5.26	7.89	4.21	4.74	7.89	34.74		55.26		12.63	8.42	16.84	6.84	44.74		100.00	
瓮	1	2		2	1			5	2	7	5	4	9					15	14	21	7			95	50.00
罐	3	5	10	8	7			3	8	8	3	5	5					9	2	9	6			91	47.89
钵																				1				1	0.53
杯								1																1	0.53
不明器													1							1				2	1.05

总体来看，9 个单位中，陶质夹砂多于泥质的有 5 个，泥质多于夹砂的有 3 个，夹砂与泥质略同的 1 个。夹砂陶中，夹粗砂较多的 2 个，夹细砂较多的 6 个，粗、细略相等的 1 个。器表纹面较多的 4 个，素面较多的 4 个，纹面与素面相同或略相等的 1 个。

（2）器类

参加分类排队的陶器共 269 件，挑选标本 268 件。

高领瓮 49 件，其中底部 18 件。

A 型 13 件。

Ⅰ式 3 件。标本碎小。

Ⅱ式 3 件。

标本 T0203⑧B：3，泥质黄褐陶，灰胎，内壁红褐。素面。喇叭口，卷沿，圆唇，残。轮制，火候较低。口径 22、残高 3.6 厘米（图三五，1）。

Ⅲ式 7 件。

标本 T0202⑤：8，泥质黄褐陶。素面。喇叭口，卷沿微外下翻，圆唇，残。轮制，火候较低。口径 25.6、残高 3 厘米（图三五，2）。

标本 T0202⑤：9，泥质黄褐陶，局部红，灰胎。素面。喇叭口，卷沿外下翻，圆唇，残。轮制，火候较低。口径 28、残高 4.6 厘米（图三五，3）。

B 型 18 件。

Ba 型 12 件。

Ⅰ式 11 件。

标本 T0202⑤：13，泥质黄褐陶。素面。喇叭口，折沿外下翻，圆唇，残。轮制，火候较低。口径 26.8、残高 4 厘米（图三五，4）。

标本 T0303⑥：4，泥质红陶，局部黄褐，灰胎。内沿面施纵向细绳纹。喇叭口，折沿外下翻，圆唇，残。轮制，火候较低。口径 23.2、残高 6.4 厘米（图三五，5）。

Ⅱ式 1 件。标本碎小。

Bb 型 6 件。

标本 T0203⑧B：5，泥质红陶，黄褐胎，内壁黑。素面。喇叭口，窄折沿，圆唇，残。轮制，火候较低。口径 28.8、残高 3.2 厘米（图三五，6）。

标本 T0204⑥：2，夹细砂黄褐陶，灰胎。素面。喇叭口，窄折沿外下翻，圆唇，残。轮制，火候较低。口径 19.2、残高 4.4 厘米（图三五，7）。

缸 2 件。标本碎小。

宽折沿罐 3 件。

标本 T0302⑧：18，夹细砂灰陶。唇下缘施戳印纹，外沿下残存斜划纹痕。敞口，宽斜折沿，圆唇，残。轮修，火候较低。口径 30、残高 3.2 厘米（图三五，8）。

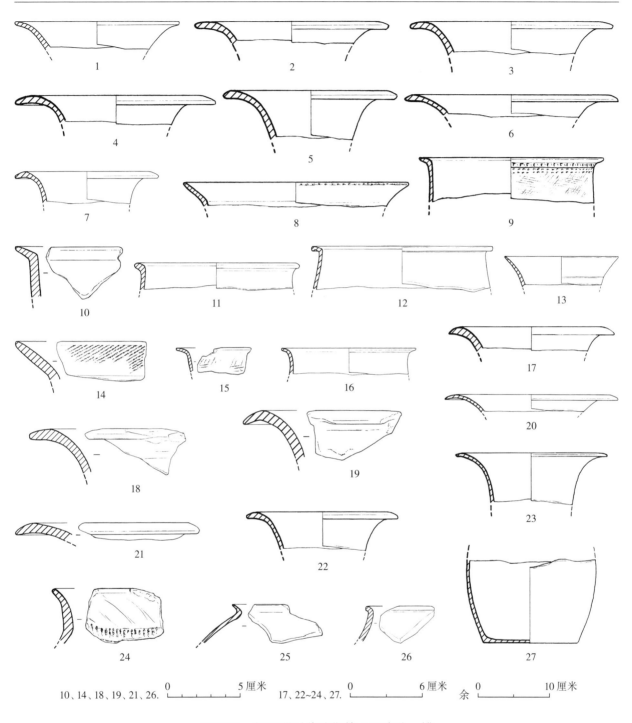

图三五　新石器时代晚期第 6 组陶瓮、罐

1. A 型 II 式高领瓮（T0203⑧B：3）　2、3. A 型 III 式高领瓮（T0202⑤：8、9）　4、5. Ba 型 I 式高领瓮（T0202⑤：13、T0303⑥：4）　6、7. Bb 型高领瓮（T0203⑧B：5、T0204⑥：2）　8. 宽折沿罐（T0302⑧：18）　9、10. I 式窄折沿罐（T0202⑤：35、T0203⑧B：17）　11、12. II 式窄折沿罐（T0202⑤：36、T0203⑧B：19）　13、14. 宽卷沿罐（T0103⑪：8、T0202⑤：40）　15、16. 窄卷沿罐（T0202⑤：44、T0203⑧B：23）　17. A 型 I 式高领罐（T0302⑧：15）　18、19. A 型 II 式高领罐（T0202⑤：21、T0204⑥：8）　20、21. Ba 型高领罐（T0202⑤：26、29）　22、23. Bb 型高领罐（T0202⑤：25、T0203⑧B：14）　24. A 型有肩罐（T0203⑧B：11）　25. B 型有肩罐（T0203⑧B：12）　26. C 型有肩罐（T0203⑧B：13）　27. 罐底（T0103⑪：25）

窄折沿罐　26件。

Ⅰ式　14件。

标本T0202⑤：35，夹粗砂黄褐陶，沿局部黄，胎、内壁黑。外沿与上腹相交处施附加堆纹，在堆纹上和紧贴堆纹下施戳印纹，上腹施菱形细绳纹。微侈口，窄折沿，圆唇，上腹近直，残。轮制，火候较低。口径24.8、残高6厘米（图三五，9）。

标本T0203⑧B：17，夹粗砂黄褐陶，局部褐、黑，灰胎。侈口，斜窄折沿，圆唇，上腹微弧，残。轮制，火候较低。残宽5.1、残高3.4厘米（图三五，10）。

Ⅱ式　12件。

标本T0202⑤：36，泥质黄褐陶，局部灰黑。素面。侈口，窄折沿，尖圆唇，残。轮制，火候较低。口径22、残高3.6厘米（图三五，11）。

标本T0203⑧B：19，泥质红陶，局部黄。素面。侈口，窄折沿，圆唇，上腹微内束，残。轮制，火候较高。口径24、残高5.8厘米（图三五，12）。

宽卷沿罐　9件。

标本T0103⑪：8，夹细砂红陶，黄褐胎，内壁黑、局部黄褐。上腹施凹弦纹。喇叭口，卷沿，圆唇，残。轮制，火候较低。口径15.2、残高3.8厘米（图三五，13）。

标本T0202⑤：40，夹细砂黄褐陶，局部红，灰褐胎。外沿下施斜绳纹。喇叭口，卷沿，圆唇，残。轮制，火候较低。残宽6、残高2.6厘米（图三五，14）。

窄卷沿罐　14件。

标本T0202⑤：44，夹粗砂黑陶，局部灰黑、黄褐。上腹施交错绳纹。侈口，卷沿，圆唇，残。轮制，火候较低。残宽7.2、残高3.4厘米（图三五，15）。

标本T0203⑧B：23，夹细砂黄褐陶，局部灰黑，内壁红。外沿与上腹交接处施附加堆纹。侈口，卷沿，圆唇，残。轮制，火候较低。口径18、残高3.6厘米（图三五，16）。

高领罐　29件。

A型　7件。

Ⅰ式　3件。

标本T0302⑧：15，泥质红陶，胎、内壁黄褐。素面。喇叭口，窄沿外下折，尖圆唇，残。轮制，火候较低。口径13、残高1.8厘米（图三五，17）。

Ⅱ式　4件。

标本T0202⑤：21，泥质黄褐陶，灰胎。素面。喇叭口，宽沿外下折，圆唇，残。轮制，火候较低。残宽6.8、残高3厘米（图三五，18）。

标本T0204⑥：8，泥质黄褐陶，黑胎。素面。喇叭口，宽沿外下折，圆唇，残。轮制，火候较低。残宽6.4、残高3.3厘米（图三五，19）。

B型　22件。

Ba 型　14 件。

标本 T0202⑤：26，泥质红陶，局部、胎黄褐，内壁黑。素面。喇叭口，卷沿外下翻，圆唇，残。轮制，火候较低。口径 23、残高 2.2 厘米（图三五，20）。

标本 T0202⑤：29，泥质灰陶。素面。喇叭口，卷沿外下翻，圆唇，残。轮制，火候较低。残宽 8、残高 1.2 厘米（图三五，21）。

Bb 型　8 件。

标本 T0202⑤：25，泥质黑陶，黄褐胎。素面。喇叭口，卷沿，圆唇，残。轮制，火候较低。口径 12、残高 3 厘米（图三五，22）。

标本 T0203⑧B：14，泥质灰褐陶，灰胎。素面。喇叭口，卷沿，圆唇，残。轮制，火候较低。口径 12.5、残高 4 厘米（图三五，23）。

有肩罐　4 件。

A 型　1 件。

标本 T0203⑧B：11，夹粗砂黄褐陶，内壁灰黑。肩部施戳印纹。侈口，卷沿外翻，圆唇，残。轮制，火候较低。残宽 6.2、残高 4 厘米（图三五，24）。

B 型　2 件。

标本 T0203⑧B：12，泥质红陶，局部黄褐。素面。侈口，卷沿，圆唇，溜肩，残。轮制，火候较高。残宽 10、残高 5 厘米（图三五，25）。

C 型　1 件。

标本 T0203⑧B：13，泥质黑陶，黄褐胎。素面。侈口，卷沿，圆唇，残。轮制，火候较高。残宽 3.7、残高 2.4 厘米（图三五，26）。

罐底　68 件。

标本 T0103⑪：25，夹细砂黑陶。素面。鼓腹，平底，残。轮制，火候较低。底径 8、残高 6.5 厘米（图三五，27）。

小侈口罐　14 件。

A 型　6 件。

标本 T0302⑧：25，夹粗砂红陶，胎、内壁灰。素面。侈口，卷沿，圆唇，残。轮制，火候较低。残宽 3.7、残高 3 厘米（图三六，1）

B 型　8 件。

标本 T0103⑪：12，夹细砂黄褐陶，口沿、胎、内壁黑。器表拍印组状细绳纹，局部交错。侈口，斜折沿，圆唇，鼓腹，残。轮制，火候较低。残宽 6.5、残高 4.6 厘米（图三六，2）。

标本 T0303⑥：21，夹细砂黑陶，局部黄褐。素面。侈口，折沿，圆唇，残。轮制，火候较低。残宽 6、残高 3.7 厘米（图三六，3）

小直口罐　5 件。

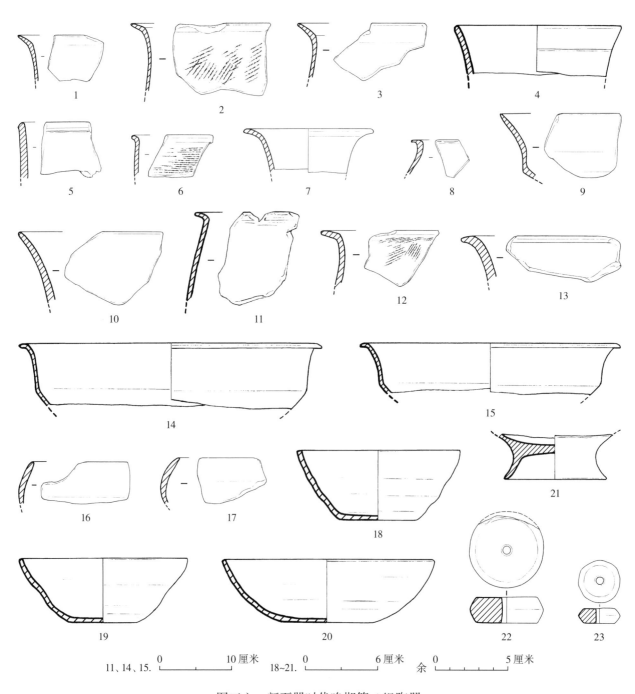

图三六　新石器时代晚期第 6 组陶器

1. A 型小侈口罐（T0302 ⑧：25）　2、3. B 型小侈口罐（T0103 ⑪：12、T0303 ⑥：21）　4、5. A 型小直口罐（T0103 ⑪：13、T0204 ⑥：26）　6. B 型小直口罐（T0103 ⑪：14）　7. 小高领罐（T0202 ⑤：60）　8. 小有肩罐（T0303 ⑥：20）　9、10. Ⅱ式卷沿盆（T0202 ⑤：75、T0302 ⑧：42）　11. A 型Ⅰ式折沿盆（T0202 ⑤：76）　12. A 型Ⅱ式折沿盆（T0302 ⑧：43）　13. B 型Ⅰ式折沿盆（T0502 ⑦：7）　14、15. B 型Ⅱ式折沿盆（T0103 ⑪：19、T0303 ⑥：23）　16、17. 敛口钵（T0202 ⑤：78、T0303 ⑥：24）　18~20. 敞口钵（T0402 ⑦：6、7、8）　21. 圈足（T0303 ⑥：26）　22、23. B 型纺轮（T0202 ⑤：1、5）

A 型　3 件。

标本 T0103 ⑪：13，夹细砂黄褐陶。外沿下施凹弦纹 1 道。敞口，圆唇，残。轮修，火候较低。口径 11、残高 3.2 厘米（图三六，4）。

标本 T0204 ⑥：26，夹细砂黄褐陶，胎、内壁黑。外沿下施凸弦纹 1 道。直口，圆唇，残。轮修，火候较低。残宽 4、残高 3.5 厘米（图三六，5）

B 型　2 件。

标本 T0103 ⑪：14，夹粗砂黄褐陶。腹施横向细绳纹。直口微侈，卷沿，圆唇，残。轮制，火候较低。残宽 4.3、残高 3 厘米（图三六，6）。

小高领罐　5 件。

标本 T0202 ⑤：60，泥质红陶，胎局部、口沿内壁泛灰。素面。喇叭口，卷沿，圆唇，高领，残。轮制，火候较低。口径 8.6、残高 2.9 厘米（图三六，7）。

小有肩罐　1 件。

标本 T0303 ⑥：20，泥质黑陶，黄褐胎。素面。侈口，卷沿，圆唇，矮束颈，有肩，残。轮制，火候较低。残宽 2.2、残高 2.4 厘米（图三六，8）。

小罐底　13 件。标本碎小。

卷沿盆　3 件。Ⅱ式。

标本 T0202 ⑤：75，泥质黑陶，黄褐胎。素面。敞口，圆唇，折腹，残。轮制，火候较低。残宽 5.1、残高 4.1 厘米（图三六，9）。

标本 T0302 ⑧：42，泥质黄褐陶，灰胎，内壁红。素面。敞口，圆唇，残。轮制，火候较低。残宽 6.5、残高 4.6 厘米（图三六，10）。

折沿盆　8 件，其中 1 件盆底。

A 型　2 件。

Ⅰ式　1 件。

标本 T0202 ⑤：76，夹细砂黑陶。素面，磨光。侈口，折沿，圆唇，上腹外弧，残。轮制，火候较低。残宽 10.4、残高 12 厘米（图三六，11）

Ⅱ式　1 件。

标本 T0302 ⑧：43，夹细砂黄褐陶，胎、内壁灰黑。外沿及上腹拍印组状细绳纹。侈口，折沿较宽，圆唇，上腹微束，残。轮制，火候较低。残宽 4.9、残高 3.6 厘米（图三六，12）。

B 型　5 件。

Ⅰ式　1 件。

标本 T0502 ⑦：7，夹细砂红陶，黄褐胎。素面。敞口，窄折沿外下斜，圆唇，残。轮制，火候较低。残宽 7.5、残高 3 厘米（图三六，13）。

Ⅱ式　4 件。

标本 T0103 ⑪：19，夹细砂黑陶，局部灰黑，黄褐胎。素面。敞口，窄折沿外下斜，圆唇，折腹，残。轮制，火候较低。口径 42、残高 8.4 厘米（图三六，14）。

标本 T0303 ⑥：23，夹细砂黑陶，黄褐胎。素面。敞口，窄折沿外下斜，圆唇，折腹，残。轮制，火候较低。口径 36、残高 6.4 厘米（图三六，15）。

敛口钵　6 件。

标本 T0202 ⑤：78，泥质黄褐陶。素面。敛口，圆唇，残。轮制，火候较低。残宽 5.8、残高 2.8 厘米（图三六，16）。

标本 T0303 ⑥：24，泥质黑陶，黄褐胎。素面。敛口，圆唇，残。轮制，火候较低。残宽 4.6、残高 3 厘米（图三六，17）。

敞口钵　4 件。

标本 T0402 ⑦：6，夹细砂黑陶。素面，外下腹有 3 道轮制凹痕。敞口，方圆唇，腹微曲，平底，修复。轮制，火候较低。口径 13.4、底径 6、高 5.6 厘米（图三六，18；彩版一四，1）。

标本 T0402 ⑦：7，夹细砂黑陶。素面，外下腹有轮制凹痕。敞口，方圆唇，曲腹，平底，修复。轮制，火候较低。口径 14、底径 5.6、高 5.2 厘米（图三六，19；彩版一四，2）。

标本 T0402 ⑦：8，夹细砂黑陶，局部红。素面，外腹微有轮制凹痕。敞口，方圆唇，微曲腹，平底，修复。轮制，火候较低。口径 17、底径 7、高 5 厘米（图三六，20；彩版一四，3）。

杯　2 件，1 件为杯底。标本碎小。

圈足　1 件。

标本 T0303 ⑥：26，夹细砂红陶。素面。内底略圜，圈足较高、外撇，残。分制，火候较低。足径 8、残高 3.2 厘米（图三六，21）。

纺轮　2 件。B 型。

标本 T0202 ⑤：1，夹粗砂灰陶，局部红。素面。圆饼形，顶、底平，鼓腰，中部圆形穿，略残。轮修，火候较高。直径 4.5、穿径 0.6、厚 1.7 厘米（图三六，22；彩版一四，4）。

标本 T0202 ⑤：5，夹细砂红陶，局部黑。素面。圆饼形，顶、底平，鼓腰，中部圆形穿，完整。轮修，火候较高。直径 2.8、穿径 0.6、厚 1 厘米（图三六，23；彩版一四，5）。

2. 石器

第 6 组共出石器 49 件，包括打制和磨制两大类。

（1）打制石器

共 19 件。主要有砍砸器、刮削器、扁条形器等，另有石片 7 件。

砍砸器　1 件。

标本 T0302 ⑧：2，深灰色砾石。质较硬。整体略呈扁平梭形，侧缘多砸击痕，略残。长 14.9、宽 6.3、厚 2.6 厘米（图三七，1；彩版一五，1）。

刮削器　9 件。

标本 T0202⑤：4，灰色砾石，局部浅褐。质较硬。略呈半圆形，弧刃，刃部多崩疤，略残。长 10、宽 7.6、厚 1.5 厘米（图三七，2）。

标本 T0302⑧：65，灰色砾石，局部浅褐。质较硬。略呈不规则方形，弧刃，略残。长 6.8、宽 5.4、厚 1 厘米（图三七，3）。

扁条形器　2 件。

标本 T0103⑪：47，灰白色砾石。质较硬。略呈条形，残。长 4.6、宽 1.9、厚 0.7 厘米（图三七，4）。

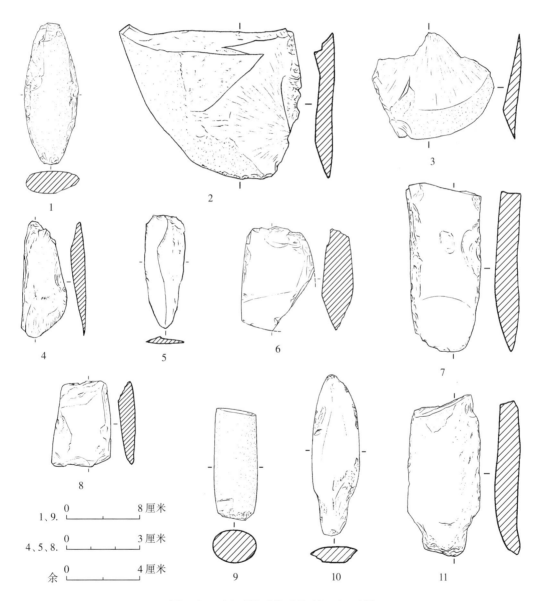

图三七　新石器时代晚期第 6 组石器

1. 砍砸器（T0302⑧：2）　2、3. 刮削器（T0202⑤：4、T0302⑧：65）　4、5. 扁条形器（T0103⑪：47、T0203⑧B：62）
6. A 型斧（T0202⑤：3）　7. A 型锛（T0103⑪：1）　8. B 型锛（T0302⑧：68）　9. 杵（T0302⑧：1）　10、11. 矛
（T0203⑧B：1、T0502⑦：18）

标本 T0203⑧B：62，灰色砾石，局部灰白。质较硬。略呈条形，中有不规则脊线，两侧刃，下端尖，略残。长 4.2、宽 1.8、厚 0.35 厘米（图三七，5）。

（2）磨制石器

共 30 件。主要有斧、锛、刀、杵、矛等，另有石料 15 件。

斧　4 件。

A 型　3 件。

标本 T0202⑤：3，灰色砾石，局部灰白。质较硬。略呈梯形，顶部残，弧刃，中锋。残长 5.5、宽 4.4、厚 2 厘米（图三七，6；彩版一五，2）。

B 型　1 件。

标本 T0302⑧，残甚。

锛　2 件。

A 型　1 件。

标本 T0103⑪：1，浅灰色砾石，夹杂灰白、灰、褐色斑点。质较硬。扁长条形，弧刃，偏锋，残。粗磨。残长 9、宽 4.6、厚 1.5 厘米（图三七，7；彩版一五，3）。

B 型　1 件。

标本 T0302⑧：68，黑色砾石。质较硬。略呈梯形，顶略窄，弧刃，偏锋，残。残长 3.3、宽 2.7、厚 0.7 厘米（图三七，8；彩版一五，4）。

刀　4 件，其中 2 件为半成品。

A 型　1 件。

标本 T0205⑤：1，残甚。

B 型　1 件。

标本 T0205⑤：3，残甚。

杵　1 件。

标本 T0302⑧：1，浅灰色砾石，局部黄褐、红褐。质较硬。近圆柱形，端部多使用痕。残长 12、长径 5.1、短径 4.3 厘米（图三七，9；彩版一五，5）。

矛　4 件。

标本 T0203⑧B：1，灰黑色砾石。质较硬。略呈叶形，分矛身和矛骹两部分，矛身锋略尖，叶微弧，矛骹短，略残。残长 8.6、宽 2.8、厚 0.9 厘米（图三七，10；彩版一五，6）。

标本 T0502⑦：18，灰色砾石。质较硬。残剩部分矛身和矛骹。残长 8.5、宽 4.5、厚 1.4 厘米（图三七，11）。

七、第 7 组

只有 4 个单位，全为文化层，分别是 T0202④、T0203⑧A、T0302⑦和 T0303⑤层。出土

遗物主要为陶器，石器很少。

1. 陶器

共出陶器 179 件，其中 T0202 ④层 83 件、T0302 ⑦层 41 件、T0303 ⑤层 55 件。

（1）陶系

以 T0202 ④、T0302 ⑦层为例。

T0202 ④层　出土陶器 83 件。

陶质以夹砂为主，约占 61.45%，泥质较少，约占 38.55%。夹砂陶中，夹细砂较多，占 39.76%，夹粗砂较少，占 21.69%。陶色以黄褐陶为主，占 33.73%，灰、红、黑陶较多，各占 20.48%、18.07% 和 18.07%，褐陶最少，占 9.64%。器表以素面为主，约占 69.88%，纹面较少，占 30.12%。纹饰以绳纹为主，约占 15.66%，其中细绳纹最多，占 12.05%，粗绳纹和菱形绳纹较少，各占 1.20% 和 2.41%。次为附加堆纹，占 9.64%，凸弦纹和戳印纹较少，各占 2.41%。器物种类以罐为主，约占 73.49%，次为瓮，占 10.84%，纺轮极少，仅占 1.20%，另有 14.46% 的腹片不能辨识器形（表一六）。

T0302 ⑦层　出土陶器 41 件。

陶质以夹砂为主，约占 75.61%，泥质较少，约占 24.39%。夹砂陶中，多为夹细砂，占 46.34%，夹粗砂较少，占 29.27%。陶色以灰、红陶为主，各占 34.15% 和 31.71%，次为黑陶，占 17.07%，褐陶和黄褐陶较少，各占 9.76% 和 7.32%。器表以素面为主，约占 68.29%，纹面较少，占 31.71%。纹饰以绳纹为主，约占 12.20%，细绳纹较多，占 7.32%，粗绳纹和菱形绳纹较少，各占 2.44%。次为复合纹，占 7.32%，附加堆纹、划纹较少，各占 4.88%，戳印纹最少，仅占 2.44%。器物种类以罐为主，约占 56.10%，次为瓮，占 39.02%，另有 4.88% 的腹片不能辨识器形（表一七）。

（2）器类

参加分类排队的陶器共 22 件，挑选标本 3 件。

高领瓮　1 件。

标本 T0302 ⑦，碎小，仅残存底部。

窄折沿罐　1 件。I 式。

标本 T0302 ⑦，碎小。

宽卷沿罐　1 件。

标本 T0202 ④：4，夹粗砂黄褐陶，局部灰黑。素面。喇叭口，圆唇，残。轮制，火候较低。残宽 4.1、残高 2.3 厘米（图三八，1）。

高领罐　1 件。Ba 型。

标本 T0302 ⑦，碎小。

罐底　10 件。标本碎小。

表一六　T0202 ④层出土陶器统计表

陶质	夹砂													泥质							总计	
陶色	粗砂					细砂						合计	百分比（%）						小计	百分比（%）	总计	百分比（%）
	红	黑	灰	小计	百分比（%）	红	黑	褐	黄褐	小计	百分比（%）			红	黑	灰	褐	黄褐				
粗绳纹									1	1	1.20	1	1.20								1	1.20
细绳纹	1	1		2	2.41		1		1	2	2.41	4	4.82	3	1		1	1	6	7.23	10	12.05
菱形绳纹								1		1	1.20	1	1.20		1				1	1.20	2	2.41
附加堆纹							2		4	6	7.23	6	7.23				1	1	2	2.41	8	9.64
凸弦纹						1				1	1.20	1	1.20	1					1	1.20	2	2.41
戳印纹															1	1			2	2.41	2	2.41
素面	3	4	9	16	19.28	2	2	4	14	22	26.51	38	45.78	4	2	7	1	6	20	24.10	58	69.88
合计	4	5	9	18	21.69	3	5	5	20	33	39.76	51	61.45	8	5	8	3	8	32	38.55	83	100.00
百分比（%）	4.82	6.02	10.84	21.69		3.61	6.02	6.02	24.10	39.76		61.45		9.64	6.02	9.64	3.61	9.64	38.55		100.00	
瓮		1				1			1					3	1	1	1				9	10.84
罐	3	4	9			1	5	5	12					4	3	5	2	8			61	73.49
纺轮	1																				1	1.20
不明器									7					1	2	2					12	14.46

表一七 T0302⑦层出土陶器统计表

陶质	夹砂													泥质						合计	百分比(%)
	粗砂					细砂						合计	百分比(%)	红	黑	灰	黄褐	小计	百分比(%)		
陶色	红	灰	褐	小计	百分比(%)	红	黑	灰	黄褐	小计	百分比(%)										
粗绳纹			1	1	2.44							1	2.44							1	2.44
细绳纹	1			1	2.44		1			1	2.44	2	4.88		1			1	2.44	3	7.32
菱形绳纹									1	1	2.44	1	2.44							1	2.44
复合纹								1		1	2.44	1	2.44		2			2	4.88	3	7.32
附加堆纹	2			2	4.88							2	4.88							2	4.88
戳印纹		1		1	2.44							1	2.44							1	2.44
划纹		1		1	2.44		1			1	2.44	2	4.88							2	4.88
素面	2	1	3	6	14.63	4	3	7	1	15	36.59	21	51.22	3		3	1	7	17.07	28	68.29
合计	5	3	4	12	29.27	5	4	8	2	19	46.34	31	75.61	3	3	3	1	10	24.39	41	100.00
百分比(%)	12.20	7.32	9.76	29.27		12.20	9.76	19.51	4.88	46.34		75.61		7.32	7.32	7.32	2.44	24.39		100.00	
盆			1			3	2	3	2						3	1	1			16	39.02
罐		2	3			2	2	5						3		2				23	56.10
不明器		1																		2	4.88

小侈口罐　2件。A 型。

标本 T0202④：5，泥质黄褐陶，局部灰褐，内壁灰黑。素面。侈口，卷沿，圆唇，残。轮制，火候较低。口径 14、残高 4.2 厘米（图三八，2）。

小罐底　4件。标本碎小。

盆　1件。残存部分底部。

纺轮　1件。D 型。

标本 T0202④：14，夹细砂黄褐陶。素面。略呈圆饼形，顶略窄、底略宽，顶、底微凹，完整。手制，火候较低。直径 4.2、厚 0.6 厘米（图三八，3；彩版一六，1）。

2. 石器

第 7 组仅出石器 12 件，分为打制和磨制两类。

（1）打制石器

共 6 件。包括砍砸器、刮削器和石片等。

砍砸器　1件。

标本 T0202④，残甚。

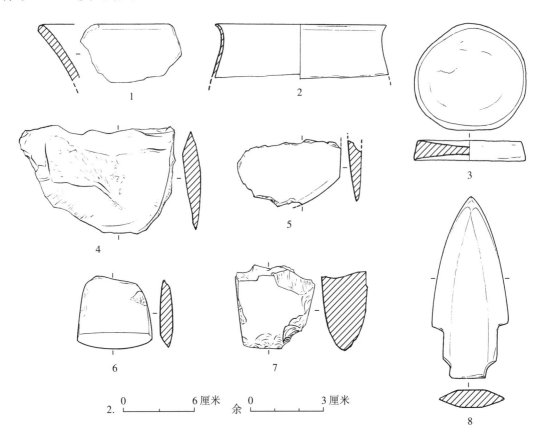

图三八　新石器时代晚期第 7 组陶器、石器

1. 宽卷沿陶罐（T0202④：4）　2. A 型小侈口陶罐（T0202④：5）　3. D 型陶纺轮（T0202④：14）　4. 石刮削器（T0202④：15）　5. B 型石斧（T0202④：3）　6. B 型石锛（T0202④：2）　7. 石凿（T0202④：1）　8. 石矛（T0302⑦：1）

刮削器　1件。

标本 T0202④：15，浅灰色砾石。质较硬。略呈不规则半圆形，凸弧刃，略残。长 6.2、宽 4.3、厚 1 厘米（图三八，4；彩版一六，2）。

（2）磨制石器

共 6 件。主要有斧、锛、凿、矛、砺石和石材等。

斧　1件。B 型。

标本 T0202④：3，灰白色砾石，局部有褐、深灰色石纹。质较硬。残存部分刃部，薄体，弧刃，中锋。磨制精细。残长 2.5、残宽 4.2、厚 0.6 厘米（图三八，5）。

锛　1件。B 型。

标本 T0202④：2，深灰色砾石，多褐色斑。质较软。略呈不规则梯形，顶窄刃宽，弧刃，偏锋，残。残长 2.8、宽 3、厚 0.6 厘米（图三八，6；彩版一六，3）。

凿　1件。

标本 T0202④：1，灰色砾石，多灰白色层理。质较硬。残存刃部。窄条形，体厚。残长 3.3、宽 3.1、厚 1.8 厘米（图三八，7）。

矛　1件。

标本 T0302⑦：1，浅墨绿色砾石，器表可见灰白色流线状石纹。矛身略呈尖叶形，锋尖锐，矛叶微弧，矛骹略呈倒"凸"字形，微残。磨制精细。残长 7.2、宽 3.1、厚 0.7 厘米（图三八，8；彩版一六，4）。

砺石　1件。

标本 T0202④，残甚。

八、第 8 组

共 4 个单位，分别为 T0203⑦、T0204⑤层及开口于其下的 D5、H8。

（一）遗迹

仅灰坑、柱洞各 1 个。

1. 灰坑　1个。丙类。C 型。

H8

位置：位于 T0204 东北部。

层位关系：⑤—H8→生土，被 H1 打破。

形制：坑口平面略呈圆角三角形，弧壁，底不平，坑壁、底无加工痕迹。口径 100~110、底径约 65~100、深 10~40 厘米（图三九）。

填土与包含物：内填灰黑色沙黏土，质较软、疏松，夹少量炭粒及烧土粒。

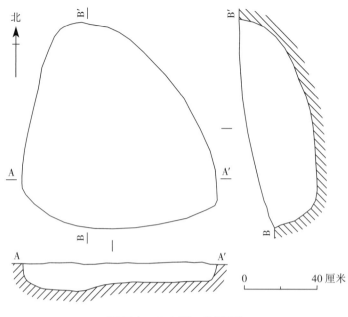

图三九　H8 平、剖面图

　　出土陶器 19 件，皆较碎小。陶质以夹砂为主，约占 94.74%，泥质很少，仅占 5.26%。夹砂陶中，多为夹细砂，占 68.42%，夹粗砂较少，占 26.32%。陶色以灰、红陶为主，各占 36.84% 和 31.58%，黑陶较多，占 26.32%，褐陶很少，仅占 5.26%。器表以素面为主，约占 84.21%，纹面较少，占 15.79%。纹饰仅有细绳纹、方格形绳纹、复合纹，各占 5.26%。器物种类仅罐、瓮 2 种，各占 63.16% 和 26.31%，另有 10.53% 的腹片不能辨识器形（表一八）。

　　出土石器 2 件。

　　斧坯　1 件。A 型。

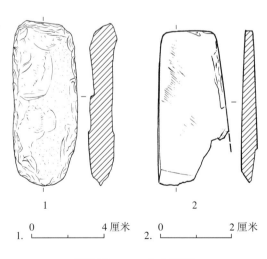

图四〇　H8 出土石器
1. A 型斧坯（H8：1）　2. 凿（H8：2）

　　标本 H8：1，麻灰色砾石。质较硬。半成品。整体呈扁条形，边沿有规则的鳞片状剥落痕迹，身较厚，侧沿及刃部多打制疤痕，局部可见原石表皮。打制。长 8.6、宽 3.6、厚 1.6 厘米（图四〇，1）。

　　凿　1 件。

　　标本 H8：2，浅碧绿色砾石。质较硬。整体呈扁条形，顶较窄、平，刃较宽、残，身较窄、薄。磨制精细。残长 4、宽 1.4~1.9、厚 0.5 厘米（图四〇，2）。

2. 柱洞　1 个。

D5

位置：位于 T0203 东隔梁内。

表一八 H8出土陶器统计表

陶质	夹砂														泥质			总计	百分比(%)
	粗砂					细砂						合计	百分比(%)					
陶色	红	黑	灰	小计	百分比(%)	红	黑	灰	褐	小计	百分比(%)			灰	小计	百分比(%)		
细绳纹		1		1	5.26							1	5.26				1	5.26
方格形绳纹								1		1	5.26	1	5.26				1	5.26
复合纹								1		1	5.26	1	5.26				1	5.26
素面	1	2	1	4	21.05	5	2	3	1	11	57.89	15	78.95	1	1	5.26	16	84.21
合计	1	3	1	5	26.32	5	2	5	1	13	68.42	18	94.74	1	1	5.26	19	100.00
百分比(%)	5.26	15.79	5.26	26.32		26.32	10.53	26.32	5.26	68.42		94.74		5.26	5.26		100.00	
瓮							1	3						1			5	26.31
罐	1	3	1			3	1	2	1								12	63.16
不明器						2											2	10.53

层位关系：⑦—D5→⑧B。

形制：洞口平面呈圆形，斜壁，底略弧，柱洞整体由南向北倾斜。口径25、底径20、深50厘米（图四一）。

填土与包含物：内填灰黑色沙黏土，质较硬、致密，夹大量烧土粒和极少碎陶片。

（二）文化层

共2个单位，分别为T0203⑦、T0204⑤层。出土遗物主要为陶器和少量石器。

1. 陶器

共出陶器169件，其中T0203⑦层116件、T0204⑤层53件。

（1）陶系

T0203⑦层 出土陶器116件。

陶质以夹砂为主，约占84.48%，泥质较少，占15.52%。夹砂陶中，多夹细砂，占73.28%，夹粗砂很少，占11.21%。陶色以灰褐陶为主，约占32.76%，次为灰、红陶，各占24.14%和23.28%，黑陶较少，占12.07%，褐陶最少，占7.76%。器表以素面为主，约占67.24%，纹面较少，占32.76%。纹饰以绳纹为主，占15.52%，多为细绳纹，占9.48%，粗绳纹和菱形绳纹各占2.59%、3.45%。次为复合纹和弦纹，各占6.03%，附加堆纹、戳印纹和划纹较少，分别占2.59%、0.86%和1.72%。器物种类以瓮为主，约占50.86%，次为罐，占31.90%，盆、钵、杯很少，各占3.45%、

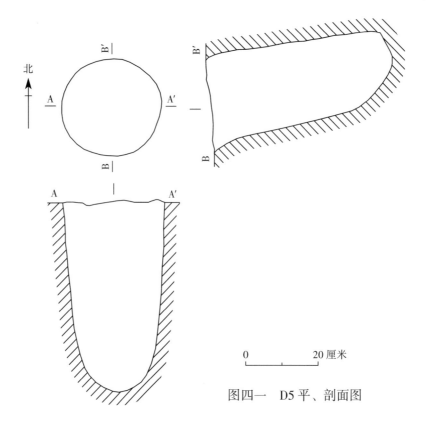

图四一　D5平、剖面图

1.72%和0.86%，另有11.21%的腹片不能辨识器形（表一九）。

T0204⑤层　出土陶器53件。

陶质以夹砂为主，约占60.38%，泥质较少，占39.62%。夹砂陶中，多为夹细砂，占35.85%，夹粗砂较少，占24.53%。陶色以灰陶为主，占32.08%，次为黄褐陶和红陶，各占24.53%和20.75%，黑陶较少，占13.21%，褐陶最少，占9.43%。器表以素面为主，约占52.83%，纹面略少，占47.17%。纹饰以绳纹为主，约占30.19%，多为细绳纹，占13.21%，次为粗绳纹和菱形绳纹，各占7.55%，方格形绳纹最少，仅占1.89%。次为复合纹，占7.55%，戳印纹、划纹较少，各占3.77%，凹弦纹最少，仅占1.89%。器物种类多为罐，占54.72%，次为瓮，占41.51%，缸、杯很少，仅各占1.89%（表二〇）。

（2）器类

参加分类排队的陶器58件，挑选标本36件。

高领瓮　5件，其中2件为瓮底。

A型Ⅰ式　1件。

标本T0204⑤，碎小。

Bb型　2件。

标本T0204⑤：4，夹细砂黄褐陶。素面。喇叭口，折沿外下斜，圆唇，残。轮制，火候较低。口径25、残高3.2厘米（图四二，1）。

表一九　T0203⑦层出土陶器统计表

陶质／陶色	夹砂															泥质				总计	百分比(%)
	粗砂						细砂							合计	百分比(%)	灰	灰褐	小计	百分比(%)		
	红	黑	灰	褐	小计	百分比(%)	红	黑	灰	褐	灰褐	小计	百分比(%)								
粗绳纹									3			3	2.59	3	2.59					3	2.59
细绳纹		1			1	0.86	5	2			3	10	8.62	11	9.48					11	9.48
菱形绳纹							2		1		1	4	3.45	4	3.45					4	3.45
复合纹							1	1	2		3	7	6.03	7	6.03					7	6.03
附加堆纹							2		1			3	2.59	3	2.59					3	2.59
弦纹									2	1	4	7	6.03	7	6.03					7	6.03
戳印纹							1					1	0.86	1	0.86					1	0.86
划纹										2		2	1.72	2	1.72					2	1.72
素面	5	3	3	1	12	10.34	11	7	8	5	17	48	41.38	60	51.72	8	10	18	15.52	78	67.24
合计	5	4	3	1	13	11.21	22	10	17	8	28	85	73.28	98	84.48	8	10	18	15.52	116	100.00
百分比(%)	4.31	3.45	2.59	0.86	11.21		18.97	8.62	14.66	6.90	24.14	73.28		84.48		6.90	8.62	15.52		100.00	
瓮	4	2					11	6	11	6	13					3	3			59	50.86
罐		1	2	1			8		4	2	9					4	6			37	31.90
盆							2	2												4	3.45
钵									2											2	1.72
杯								1												1	0.86
不明器	1	1	1				1	1			6					1	1			13	11.21

表二〇　T0204 ⑤层出土陶器统计表

纹饰	夹砂															泥质						总计	百分比(%)
陶色	粗砂						细砂							合计	百分比(%)	红	黑	灰	黄褐	小计	百分比(%)		
	红	黑	灰	褐	小计	百分比(%)	红	黑	灰	褐	黄褐	小计	百分比(%)										
粗绳纹							1					1	1.89	1	1.89			3		3	5.66	4	7.55
细绳纹		1	1		2	3.77		2		1		3	5.66	5	9.43	1		1		2	3.77	7	13.21
方格形绳纹								1				1	1.89	1	1.89							1	1.89
菱形绳纹	1	1			2	3.77								2	3.77				2	2	3.77	4	7.55
复合纹																	1	1	2	4	7.55	4	7.55
戳印纹				1	1	1.89					1	1	1.89	2	3.77							2	3.77
划纹	1				1	1.89					1	1	1.89	2	3.77							2	3.77
凹弦纹				1	1	1.89								1	1.89							1	1.89
素面	3	1	2		6	11.32	3		3	2	4	12	22.64	18	33.96	1		6	3	10	18.87	28	52.83
合计	5	3	3	2	13	24.53	4	3	3	3	6	19	35.85	32	60.38	2	1	11	7	21	39.62	53	100.00
百分比(%)	9.43	5.66	5.66	3.77		24.53	7.55	5.66	5.66	5.66	11.32		35.85		60.38	3.77	1.89	20.75	13.21		39.62		100.00
缸																		1		1		1	1.89
瓮	1	2					3	3	1		1							6	5			22	41.51
罐	4	1	3	2			1		2	3	5					2	1	3	2			29	54.72
杯																		1		1		1	1.89

瓮形器　8件，其中2件为底部。

标本T0203⑦：6，夹细砂红陶，内壁局部黑。唇部压印细绳纹，外沿下施绳纹。敞口，方唇，残。轮制，火候较低。残宽5.3、残高2.4厘米（图四二，2）。

缸　1件。

标本T0203⑦：2，夹细砂黄褐陶，灰胎。素面。敞口，圆唇，残。轮制，火候较低。残宽3.1、残高4.4厘米（彩版一六，5）。

宽折沿罐　2件。

标本T0203⑦：14，夹细砂黄褐陶，局部灰，胎灰褐。唇部压印细绳纹，外沿下部施斜绳纹和附加堆纹。敞口，斜折沿，方唇，残。轮制，火候较低。残宽8.6、残高3.6厘米（图四二，3）。

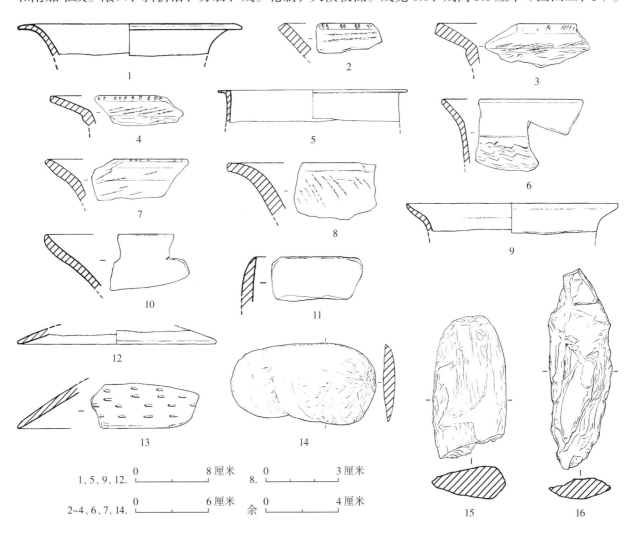

图四二　新石器时代晚期第8组陶器、石器

1. Bb型高领陶瓮（T0204⑤：4）　2. 陶瓮形器（T0203⑦：6）　3、4. 宽折沿陶罐（T0203⑦：14、15）　5. Ⅱ式窄折沿陶罐（T0204⑤：9）　6、7. 宽卷沿陶罐（T0203⑦：16、T0204⑤：10）　8. 窄卷沿陶罐（T0204⑤：13）　9、10. 窄沿盘口陶罐（T0203⑦：27、28）　11. 敛口陶钵（T0203⑦：43）　12、13. 陶器盖（T0203⑦：46、T0204⑤：14）　14. 石刮削器（T0204⑤：2）　15. 石斧坯（T0203⑦：67）　16. 石矛坯（T0203⑦：68）

标本 T0203 ⑦：15，夹细砂黄褐陶，局部灰。唇部压印细绳纹，外沿下施斜绳纹和附加堆纹。敞口，斜折沿，方唇，残。轮制，火候较高。残宽 7.2、残高 2.6 厘米（图四二，4）。

窄折沿罐　1 件。Ⅱ式。

标本 T0204 ⑤：9，夹细砂黑陶，灰胎，内壁黄褐。素面。侈口，窄折沿，圆唇，残。轮制，火候较低。口径 21、残高 3.6 厘米（图四二，5）。

宽卷沿罐　11 件。

标本 T0203 ⑦：16，夹粗砂黑陶，内壁灰褐。上腹施凹弦纹 1 道，其下施波浪形划纹 3 道，沿内壁磨光。敞口，卷沿，圆唇，残。轮制，火候较低。残宽 8.7、残高 6 厘米（图四二，6）。

标本 T0204 ⑤：10，夹细砂黄褐陶，胎、内壁黑。唇部施戳印纹，外沿及上腹施斜划纹。敞口，卷沿，圆唇，残。轮制，火候较高。残宽 7.8、残高 3.4 厘米（图四二，7）

窄卷沿罐　4 件。

标本 T0204 ⑤：13，夹粗砂红陶，黄褐胎，内壁黑。器表施斜绳纹。喇叭口，卷沿，圆唇，残。轮制，火候较低。残宽 3.2、残高 2.3 厘米（图四二，8）

高领罐　1 件。A 型Ⅰ式。

标本 T0203 ⑦：13，泥质黑陶。素面。喇叭口，卷沿，尖圆唇，残。轮制，火候较高。残宽 4.4、残高 3.5 厘米（彩版一六，6）

窄沿盘口罐　3 件。

标本 T0203 ⑦：27，夹细砂黑陶，局部黄褐。素面。盘口，卷沿上翘，圆唇，上腹内弧收，残。轮制，火候较低。口径 24、残高 3.4 厘米（图四二，9）。

标本 T0203 ⑦：28，夹细砂黄褐陶，胎、内壁黑。素面。盘口，卷沿上翘，圆唇，残。轮制，火候较低。残宽 4、残高 3 厘米（图四二，10）。

罐底　12 件。

标本 T0203 ⑦：33，碎小。

小侈口罐　2 件。A 型。

标本 T0203 ⑦，碎小。

小罐底　1 件。

标本 T0203 ⑦，碎小。

敛口钵　2 件。

标本 T0203 ⑦：43，泥质黄褐陶，胎、内壁黑。素面。口微敛，圆唇，残。轮制，火候较低。残宽 4.9、残高 2.5 厘米（图四二，11）。

器盖　3 件。

标本 T0203 ⑦：46，夹细砂红陶，胎褐，内壁灰黑。素面。敞口，圆唇，斜壁，残。轮制，火候较低。口径 22、残高 1.6 厘米（图四二，12）。

标本 T0204 ⑤：14，夹细砂黑陶，局部黄褐。器表施戳印纹。敞口，圆唇，斜壁，残。轮制，火候较低。残宽 5.9、残高 2.5 厘米（图四二，13）。

2. 石器

出土石器较少，可分为打制和磨制两类。

（1）打制石器，8 件。只有砍砸器、刮削器和 4 件石片。

砍砸器　1 件。

标本 T0204 ⑤，残甚。

刮削器　3 件。

标本 T0204 ⑤：2，灰黑色砾石。质较硬。不规则椭圆形，微残。长 11、宽 6.8、厚 1 厘米（图四二，14）

（2）磨制石器，4 件。有斧坯、矛坯、砺石及石料。

斧坯　1 件。

标本 T0203 ⑦：67，灰、褐色砾石。质较硬。略呈扁长方形，多打制、磨制痕。残长 7.5、宽 4.1、厚 1.7 厘米（图四二，15）。

矛坯　1 件。

标本 T0203 ⑦：68，黑色砾石，少见灰白色线状石纹。质较硬。扁长叶形，打制成坯。长 10.8、宽 3.5、厚 1.1 厘米（图四二，16）。

九、第 9 组

共 7 个单位，分别为 T0202 ③、T0203 ⑥、T0302 ⑥、T0303 ④、T0305 ⑤层及开口于其下的 H7、D4。

（一）遗迹

只有灰坑和柱洞各 1 个。

1. 灰坑　仅 1 个。甲类。

H7

位置：位于 T0303 北中部，少量压在北隔梁下。坑口距地表深 100~115 厘米。

层位关系：④—H7 →⑤。

形制：坑口平面略呈圆形，东高西略低，坑壁外弧或外凸呈袋形，底不平。坑壁、底未见明显加工痕迹。口径 72~74、腹径 90~94、底径 50~66、深 100 厘米（图四三）。

填土与包含物：内填黄黑褐色沙黏土，质稍硬、较致密，夹少量炭粒、烧土粒。

出土陶器 22 件。陶质以泥质为主，约占 59.09%，夹砂较少，占 40.91%。夹砂陶多夹细砂，约占 22.73%，夹粗砂略少，占 18.18%。陶色以红陶为主，占 40.91%，次为灰陶，占 27.27%，黄

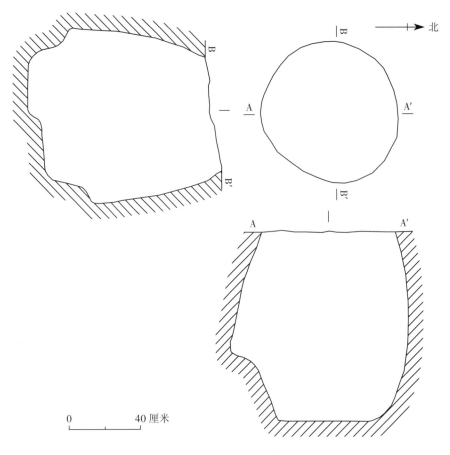

图四三　H7 平、剖面图

褐陶较少，占 18.18%，黑陶和褐陶最少，各占 9.09% 和 4.55%。器表以素面为主，占 86.36%，纹面很少，占 13.64%，纹饰全为细绳纹。器物种类以罐为主，占 45.45%，次为瓮，占 36.36%，缸很少，仅占 4.55%。另有 13.64% 的腹片不能辨识器形（表二一）。

2. 柱洞　仅 1 个。

D4

位置：位于 T0202 东中部，局部压在东隔梁下。洞口距地表深 140 厘米。

层位关系：H6 → D4 → ④，还被 H1 打破。

形制：洞口平面略呈圆形，南高北低，高差 30 厘米。壁微弧，圜底，洞壁、底未见加工痕迹。口径 55~60、深 60~70 厘米（图四四）。

填土与包含物：内填灰黑色沙黏土，质较硬、致密，夹杂大量烧土粒和少量碎陶片。

出土陶器 9 件，陶质以泥质为主，占 66.67%，夹砂较少，占 33.33%。陶色以红陶为主，占 55.55%，次为灰褐，占 22.22%，黑、灰陶较少，各占 11.11%。器表以纹面为主，占 66.67%，素面较少，占 33.33%。纹饰中复合纹和划纹各占 22.22%，附加堆纹和戳印纹各占 11.11%。器物种类多为罐，占 77.78%，次为瓮，占 22.22%。

表二一　H7 出土陶器统计表

陶质	夹砂										泥质						总计	百分比(%)
	粗砂				细砂				合计	百分比(%)						百分比(%)		
陶色	红	灰	小计	百分比(%)	红	褐	小计	百分比(%)			红	黑	灰	黄褐	小计	百分比(%)		
细绳纹	1		1	4.55					1	4.55				2	2	9.09	3	13.64
素面	2	1	3	13.64	4	1	5	22.73	8	36.36	2	2	5	2	11	50.00	19	86.36
合计	3	1	4	18.18	4	1	5	22.73	9	40.91	2	2	5	4	13	59.09	22	100.00
百分比(%)	13.64	4.55	18.18		18.18	4.55	22.73		40.91		9.09	9.09	22.73	18.18	59.09		100.00	
瓮					1		1				2				4		8	36.36
缸													1				1	4.55
罐	2	1			2									2	3		10	45.45
不明器	1				1										1		3	13.64

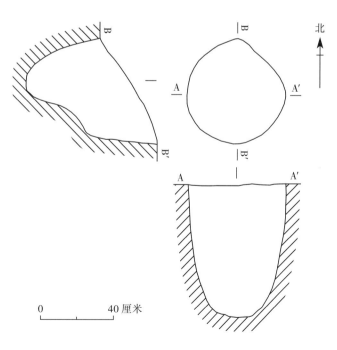

图四四　D4 平、剖面图

0　　　　40 厘米

（二）文化层

共 5 个地层单位，分别为 T0202 ③、T0203 ⑥、T0302 ⑥、T0303 ④、T0305 ⑤层。出土遗物主要为陶器和少量石器。

1. 陶器

共 331 件。其中 T0202 ③层 49 件、T0203 ⑥层 155 件、T0302 ⑥层 26 件、T0303 ④层 101 件，T0305 ⑤层出土陶器极少且碎小，不辨器形。

（1）陶系

T0203 ⑥层　出土陶器 155 件。

陶质夹砂占大多数，约占 81.29%，泥质较少，占 18.71%。夹砂陶中，多为夹细砂，占 67.74%，夹粗砂较少，占 13.55%。陶色以红陶为主，占 32.26%，次为灰褐陶和灰陶，各占 23.23% 和 21.94%，褐陶和黑陶较少，各占 12.90% 和 9.68%。器表以素面为主，约占 58.06%，纹面较少，占 41.94%。纹饰以绳纹为主，约占 16.13%，其中多细绳纹，占 12.26%，菱形绳纹较少，占 3.23%，粗绳纹极少，仅占 0.65%。次为复合纹和附加堆纹，各占 7.74% 和 7.10%，弦纹和划纹较少，各占 5.81% 和 3.87%，戳印纹和镂孔极少，仅各占 0.65%。器物种类以罐、瓮为主，各占 42.58% 和 41.29%，钵较少，占 3.23%，缸、盆和纺轮很少，各占 1.29%、1.29% 和 0.65%，另有 9.68% 的腹片不能辨识器形（表二二）。

T0303 ④层　出土陶器 101 件。

陶质以夹砂为主，约占 59.41%，泥质较少，约占 40.59%。夹砂陶中，多为夹细砂，占 32.67%，夹粗砂较少，占 26.73%。陶色以红陶和黑陶为主，各占 27.72% 和 20.79%，次为灰褐陶和灰陶，各占 17.82% 和 15.84%，黄褐陶较少，占 11.88%，褐陶最少，占 5.94%。器表以素面为主，约占 69.31%，纹面较少，占 30.69%。纹饰以绳纹为主，占 18.81%，多为细绳纹，占 12.87%，菱形绳纹较少，占 3.96%，粗绳纹和方格形绳纹很少，仅占 0.99%。附加堆纹和划纹很少，约占 2.97%，复合纹、弦纹、戳印纹最少，仅占 1.98%。器物种类以瓮为主，占 53.47%，次为罐，占 39.60%，另有 6.93% 的腹片不能辨识器形（表二三）。

（2）器类

参加分类排队的陶器 65 件，挑选标本 35 件。

高领瓮　3 件，全为底部。

标本 T0203 ⑥，碎小。

瓮形器　3 件。

标本 T0203 ⑥：3，夹细砂黄褐陶，局部红，灰褐胎。唇部施戳印纹，器表施斜绳纹。喇叭口，圆唇，残。轮制，火候较低。残宽 6.7、残高 2.8 厘米（图四五，1）。

宽折沿罐　3 件。

表二二 T0203⑥层出土陶器统计表

陶色	粗砂						细砂							夹砂		泥质					总计	百分比(%)
	红	黑	灰	褐	小计	百分比(%)	红	黑	灰	褐	灰褐	小计	百分比(%)	合计	百分比(%)	红	灰	灰褐	小计	百分比(%)		
粗绳纹									1			1	0.65	1	0.65						1	0.65
细绳纹	1			1	2	1.29	5	4	4	1		14	9.03	16	10.32		2	1	3	1.94	19	12.26
菱形绳纹							1				1	2	1.29	2	1.29		1	2	3	1.94	5	3.23
复合纹				4	4	2.58	1	2	1		3	7	4.52	11	7.10			1	1	0.65	12	7.74
附加堆纹	2				2	1.29	4				5	9	5.81	11	7.10						11	7.10
弦纹							3	1		2	1	7	4.52	7	4.52	1		1	2	1.29	9	5.81
戳印纹																	1		1	0.65	1	0.65
划纹									3	1	2	6	3.87	6	3.87						6	3.87
镂孔										1		1	0.65	1	0.65						1	0.65
素面	6	2	3	2	13	8.39	21	6	11	8	12	58	37.42	71	45.81	5	7	7	19	12.26	90	58.06
合计	9	2	3	7	21	13.55	35	13	20	13	24	105	67.74	126	81.29	6	11	12	29	18.71	155	100.00
百分比(%)	5.81	1.29	1.94	4.52	13.55		22.58	8.39	12.90	8.39	15.48	67.74		81.29		3.87	7.10	7.74	18.71		100.00	
缸				1														1			2	1.29
瓮	2	1					10	8	11	7	12					2	4	6			64	41.29
罐	6	1	2	4			19	4	7	4	8					2	6	3			66	42.58
盆							2														2	1.29
钵									1		1					1	1	1			5	3.23
纺轮										1											1	0.65
不明器	1		1				4	1	1	1	3					1		1			15	9.68

表二三　T0303 ④层出土陶器统计表

陶质	夹砂 粗砂					夹砂 细砂							夹砂 合计		泥质							总计	
陶色	红	黑	灰褐	小计	百分比(%)	红	黑	灰	褐	灰褐	小计	百分比(%)	合计	百分比(%)	红	黑	灰	褐	黄褐	小计	百分比(%)	总计	百分比(%)
粗绳纹																	1			1	0.99	1	0.99
细绳纹	2	1	1	4	3.96		1				1	0.99	5	4.95	4	2	1		1	8	7.92	13	12.87
方格形绳纹																		1		1	0.99	1	0.99
菱形绳纹	1	1		2	1.98					1	1	0.99	3	2.97					1	1	0.99	4	3.96
复合纹	1			1	0.99								1	0.99			1			1	0.99	2	1.98
附加堆纹		1	1	2	1.98		1				1	0.99	3	2.97								3	2.97
弦纹			1	1	0.99								1	0.99				1		1	0.99	2	1.98
戳印纹								1	1		2	1.98	2	1.98								2	1.98
划纹		1	1	2	1.98			1			1	0.99	3	2.97								3	2.97
素面	6	3	6	15	14.85	8	6	4	2	7	27	26.73	42	41.58	6	4	7	1	10	28	27.72	70	69.31
合计	10	7	10	27	26.73	8	8	6	3	8	33	32.67	60	59.41	10	6	10	3	12	41	40.59	101	100.00
百分比(%)	9.90	6.93	9.90	26.73		7.92	7.92	5.94	2.97	7.92	32.67		59.41		9.90	5.94	9.90	2.97	11.88	40.59		100.00	
瓮	4	4	7			5	4	2	1	4					5	5	4	2	7			54	53.47
罐	6	3	3			3	3	3	2	3					4	1	6		3			40	39.60
不明器							1	1		1					1			1	2			7	6.93

标本 T0202③：1，夹细砂黄褐陶，局部黑。外沿施凸弦纹 1 道。侈口，折沿，圆唇，残。轮制，火候较高。口径 19.2、残高 3.4 厘米（图四五，2）。

标本 T0203⑥：4，夹细砂灰黑陶。唇部施戳印纹，外沿施凸弦纹和划纹。敞口，折沿，圆唇，残。轮制，火候较高。口径 30、残高 3.2 厘米（图四五，3）。

窄折沿罐　3 件。

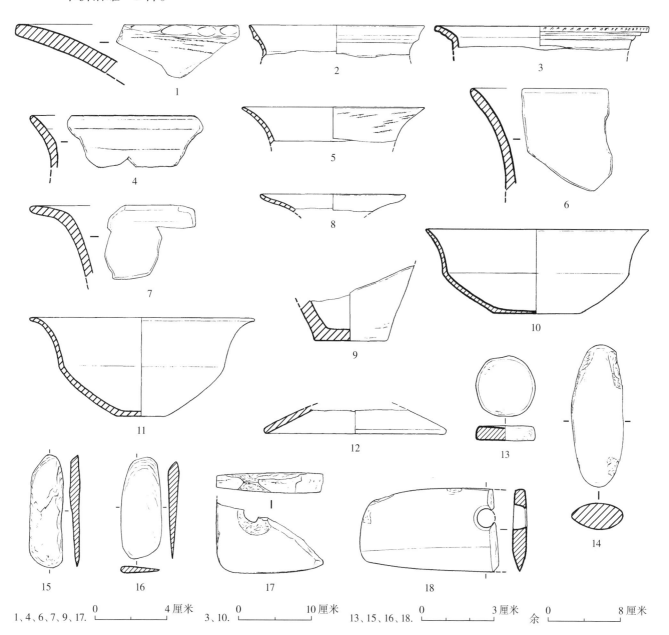

图四五　新石器时代晚期第 9 组陶器、石器

1. 陶瓮形器（T0203⑥：3）　2、3. 宽折沿陶罐（T0202③：1、T0203⑥：4）　4. Ⅰ式窄折沿陶罐（T0303④：7）　5、6. 宽卷沿陶罐（T0202③：2、T0203⑥：13）　7. Bb 型高领陶罐（T0303④：2）　8. 窄沿盘口陶罐（T0203⑥：16）　9. 小陶罐底（T0203⑥：34）　10、11. Ⅱ式卷沿陶盆（T0203⑥：35、36）　12. 陶器盖（T0203⑥：38）　13. D 型陶纺轮（T0203⑥：40）　14. 石砍砸器（T0305⑤：1）　15、16. 扁条形石器（T0202③：16、T0203⑥：1）　17、18. B 型石刀（T0302⑥：1、2）

Ⅰ式　1件。

标本 T0303 ④：7，夹粗砂灰陶。素面。侈口，折沿，圆唇，残。轮制，火候较低。残宽 7.4、残高 2.8 厘米（图四五，4）。

Ⅱ式　2件。

标本 T0303 ④：6，碎小。

宽卷沿罐　15件。

标本 T0202 ③：2，泥质黄褐陶。器表施斜绳纹。喇叭口，圆唇，残。轮制，火候较高。口径 20、残高 3.8 厘米（图四五，5）。

标本 T0203 ⑥：13，夹细砂黄褐陶，局部灰黑，内壁黑。素面，内壁磨光。喇叭口，圆唇，残。轮制，火候较低。残宽 5、残高 5.4 厘米（图四五，6）。

高领罐　3件。

Ba 型　1件。

标本 T0302 ⑥，碎小。

Bb 型　2件。

标本 T0303 ④：2，泥质红陶，局部黄褐，灰胎。素面。喇叭口，卷沿，圆唇，残。轮制，火候较低。残宽 5、残高 4 厘米（图四五，7）。

窄沿盘口罐　2件。

标本 T0203 ⑥：16，夹细砂黄褐陶。素面。浅盘口，卷沿上翘，圆唇，残。轮制，火候较低。口径 16、残高 2 厘米（图四五，8）。

罐底　16件。

小侈口罐　1件。B 型。

标本 T0202 ③，碎小。

小直口罐　1件。A 型。

标本 T0203 ⑥，碎小。

小罐底　2件。

标本 T0203 ⑥：34，夹细砂红陶，局部黄褐，灰褐胎。素面。下腹斜收，小平底，残。轮制，火候较低。底径 4、残高 4.1 厘米（图四五，9）。

卷沿盆　2件。Ⅱ式。

标本 T0203 ⑥：35，泥质黄褐陶，素面。敞口，卷沿，尖唇，折腹，上腹微束，下腹弧收至平底，修复。轮制，火候较低。口径 31、底径 12、高 11 厘米（图四五，10；彩版一七，1）。

标本 T0203 ⑥：36，夹细砂黄褐陶，局部灰黑。素面。敞口，卷沿，尖唇，折腹，上腹微束，下腹弧收至平底，修复。轮制，火候较低。口径 24.6、底径 5.4、高 10.4 厘米（图四五，11；彩版一七，2）。

敛口钵　1件。

标本 T0203 ⑥：37，泥质红陶，局部黄褐。素面。敛口，圆唇，残。轮制，火候较低。残宽 4.4、残高 1.7 厘米（彩版一七，3）。

器盖　4件。

标本 T0203 ⑥：38，泥质红陶，胎、内壁黄褐。素面。敞口，圆唇，壁斜直，残。轮制，火候较低。口径 20、残高 2.4 厘米（图四五，12）。

小平底　5件。

纺轮　1件。D 型。

标本 T0203 ⑥：40，夹细砂黄褐陶，局部黑。素面。陶片磨成圆形，顶略凹，底平，基本完整。手制，火候较低。直径 2.5、厚 0.6 厘米（图四五，13）。

2. 石器

第 9 组出土石器很少，可分为打制和磨制两类。

（1）打制石器，10 件。主要有砍砸器、刮削器、扁条形器、碎石片等。

砍砸器　1件。

标本 T0305 ⑤：1，麻灰色砾石。质较硬。整体略呈扁椭圆形，侧缘及端部多砸击痕，略残。长 15、宽 5.7、厚 2.7 厘米（图四五，14；彩版一七，5）。

刮削器　3件。

标本 T0202 ③，残甚。

扁条形器　2件。

标本 T0202 ③：16，灰白色砾石。质较软。扁长条形，多打制痕。残长 4.4、宽 1.4、厚 0.5 厘米（图四五，15；彩版一七，6）。

标本 T0203 ⑥：1，灰白色砾石。质较软。扁长条形。残长 4、宽 1.7、厚 0.5 厘米（图四五，16）。

（2）磨制石器，2 件。

刀　2件。B 型。

标本 T0302 ⑥：1，浅褐色砾石，可见灰白色斑点。质较硬。残存石刀一角，可见圆形两面穿孔。残长 3.6、残宽 5.7、厚 1.2 厘米（图四五，17）。

标本 T0302 ⑥：2，浅灰色砾石。质较硬。近背侧残存一圆形两面穿孔。扁长条形，背略弧，直刃，中锋，残。磨制。残长 5.6、宽 3.3、厚 0.7 厘米（图四五，18；彩版一七，4）。

一〇、第 10 组

仅 T0302 ⑤、T0402 ⑥层 2 个单位。出土遗物多为陶器，石器较少。

1. 陶器

共 116 件。其中 T0302 ⑤层 31 件、T0402 ⑥层 85 件。

（1）陶系

T0302⑤层　出土陶器31件。

陶质以夹砂为主，约占70.97%，泥质较少，占29.03%。夹砂陶中，多为夹细砂，占61.29%，夹粗砂很少，占9.68%。陶色以灰陶为主，占25.81%，次为黑陶和灰褐陶，各占22.58%，红陶较多，占19.35%，黄褐陶和褐陶最少，占6.45%和3.23%。器表以素面为主，约占64.52%，纹面较少，占35.48%。纹饰以附加堆纹为主，占12.90%，次为绳纹和复合纹，各占9.68%和6.45%，戳印纹和镂孔最少，各占3.23%。器物种类仅瓮、罐2种，以瓮为主，占54.84%，罐占45.16%（表二四）。

T0402⑥层　出土陶器85件。

陶质夹砂稍多，约占50.59%，泥质略少，占49.41%。夹砂陶中，多夹细砂，占43.53%，夹粗砂很少，占7.06%。陶色以红陶为主，占29.41%，次为灰陶和灰褐陶，各占21.17%和20%，黑陶较多，占15.29%，黄褐陶和褐陶最少，各占8.24%和5.88%。器表以素面为主，约占68.24%，纹面较少，占31.76%。纹饰以绳纹为主，约占11.76%，多细绳纹和菱形绳纹，各占4.71%，粗绳纹很少，占2.35%。次为复合纹和弦纹，各占7.06%。划纹和戳印纹最少，各占3.53%和2.35%。器物种类以瓮为主，占47.05%，次为罐，占45.88%，缸、钵很少，各占2.35%和1.18%，另有3.53%的腹片不能辨识器形（表二五）。

（2）器类

参加分类排队的陶器24件，挑选标本12件。

高领瓮　3件，其中2件为瓮底。

Bb型　1件。

标本T0402⑥：3，泥质黄褐陶，局部灰。素面。喇叭口，窄折沿外下斜，圆唇，残。轮制，火候较高。残宽6.5、残高2.1厘米（图四六，1）。

瓮形器　1件。

标本T0402⑥，碎小。

缸　1件。

标本T0302⑤，仅残存碎小底部，未给号。

窄折沿罐　2件。Ⅱ式。

标本T0402⑥：7，泥质黄褐陶，素面。侈口，窄斜折沿，圆唇，残。轮制，火候较高。口径31、残高3.6厘米（图四六，2）。

宽卷沿罐　5件。

标本T0302⑤：2，夹细砂黄褐陶，胎、内壁灰。唇施浅戳印纹，器表施细划纹。喇叭口，方圆唇，残。轮制，火候较低。残宽6、残高2.9厘米（图四六，3）。

标本T0402⑥：8，夹细砂黄褐陶。唇施浅戳印纹，器表施绳纹。喇叭口，圆方唇，残。轮制，

表二四　T0302 ⑤层出土陶器统计表

陶质	夹砂													泥质					总计	百分比（%）
	粗砂				细砂							合计	百分比（%）	黑	灰	灰褐	小计	百分比（%）		
陶色	黑	黄褐	小计	百分比（%）	红	黑	灰	褐	灰褐	小计	百分比（%）									
粗绳纹							1			1	3.23	1	3.23						1	3.23
细绳纹	1		1	3.23		1				1	3.23	2	6.45						2	6.45
复合纹									1	1	3.23	1	3.23			1	1	3.23	2	6.45
附加堆纹		1	1	3.23			1			1	3.23	2	6.45		2		2	6.45	4	12.90
戳印纹								1		1	3.23	1	3.23						1	3.23
镂孔														1			1	3.23	1	3.23
素面	1		1	3.23	6	4	1	1	2	14	45.16	15	48.39		2	3	5	16.13	20	64.52
合计	1	2	3	9.68	6	5	4	1	3	19	61.29	22	70.97	1	4	4	9	29.03	31	100.00
百分比（%）	3.23	6.45	9.68		19.35	16.13	12.90	3.23	9.68	61.29		70.97		3.23	12.90	12.90	29.03		100.00	
瓮					5	1	1	1	2					1	2	4			17	54.84
罐	1	2			1	4	3		1						2				14	45.16

表二五　T0402⑥层出土陶器统计表

陶质	夹砂														泥质							合计	百分比(%)
	粗砂					细砂							合计	百分比(%)	红	黑	灰	灰褐	黄褐	小计	百分比(%)		
陶色	红	灰	褐	小计	百分比(%)	红	黑	灰	褐	灰褐	小计	百分比(%)											
粗绳纹						2					2	2.35	2	2.35								2	2.35
细绳纹															1		2		1	4	4.71	4	4.71
菱形绳纹						1	1				2	2.35	2	2.35	1	1				2	2.35	4	4.71
复合纹							1			2	3	3.53	3	3.53	2	1				3	3.53	6	7.06
弦纹							1			1	2	2.35	2	2.35			2		2	4	4.71	6	7.06
戳印纹										1	1	1.18	1	1.18				1		1	1.18	2	2.35
划纹							2				2	2.35	2	2.35	1					1	1.18	3	3.53
素面	2	1	3	6	7.06	9	2	5	2	7	25	29.41	31	36.47	6	4	8	5	4	27	31.76	58	68.24
合计	2	1	3	6	7.06	12	7	5	2	11	37	43.53	43	50.59	11	6	12	6	7	42	49.41	85	100.00
百分比(%)	2.35	1.18	3.53	7.06		14.12	8.24	5.88	2.35	12.94	43.53		50.59		12.94	7.06	14.12	7.06	8.24	49.41		100.00	
缸															2							2	2.35
瓮						6	2			7					4	5	7	2	4			40	47.05
罐						6	5	5	1	4					5	1	3	3	2			39	45.88
钵																	1					1	1.18
不明器																	1	1	1			3	3.53

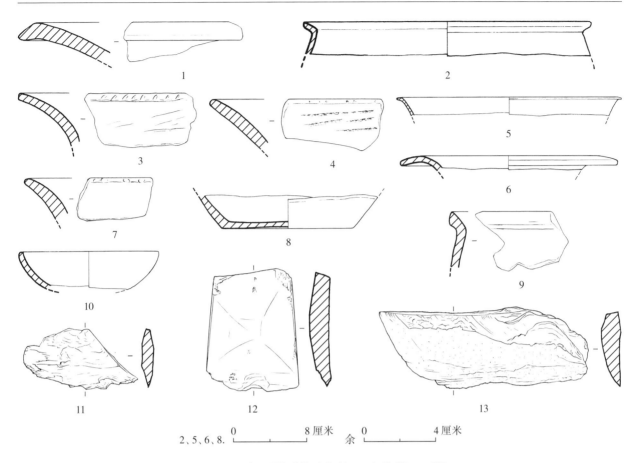

2、5、6、8. 0 ⸺⸺ 8厘米
余 0 ⸺⸺ 4厘米

图四六 新石器时代晚期第10组陶器、石器

1. Bb 型高领陶瓮（T0402 ⑥：3） 2. Ⅱ式窄折沿陶罐（T0402 ⑥：7） 3、4. 宽卷沿陶罐（T0302 ⑤：2、T0402 ⑥：8） 5. 窄卷沿陶罐（T0402 ⑥：11） 6. Ba 型高领陶罐（T0402 ⑥：4） 7. Bb 型高领陶罐（T0402 ⑥：5） 8. 陶器底（T0402 ⑥：12） 9. B 型Ⅱ式折沿陶盆（T0402 ⑥：10） 10. 小陶钵（T0402 ⑥：20） 11. 石刮削器（T0302 ⑤：12） 12. B 型石斧坯（T0402 ⑥：1） 13. 石刀坯（T0402 ⑥：26）

火候较低。残宽 5.6、残高 2.8 厘米（图四六，4）。

窄卷沿罐 1 件。

标本 T0402 ⑥：11，泥质黄褐陶，灰胎。素面。喇叭口，尖唇，残。轮制，火候较低。口径 24.8、残高 2 厘米（图四六，5）。

高领罐 3 件。

Ba 型 2 件。

标本 T0402 ⑥：4，泥质红陶。素面。喇叭口，卷沿外下翻，圆唇，残。轮制，火候较高。口径 23.8、残高 1.6 厘米（图四六，6）。

Bb 型 1 件。

标本 T0402 ⑥：5，夹细砂黄褐陶。唇施戳印纹。喇叭口，圆唇，残。轮制，火候较高。残宽 4.2、残高 2.2 厘米（图四六，7）。

器底　6件。

标本 T0402⑥：12，泥质黄褐陶，内底局部红。素面。下腹微弧收，平底微凹，残。轮制，火候较低。底径 14、残高 3.6 厘米（图四六，8）。

折沿盆　1件。B 型Ⅱ式。

标本 T0402⑥：10，夹细砂黄褐陶，灰胎。素面。侈口，窄折沿，圆唇，残。轮制，火候较低。残宽 5、残高 3.2 厘米（图四六，9）。

小钵　1件。

标本 T0402⑥：20，泥质灰陶。素面。敞口，圆唇，弧腹，残。轮制，火候较低。口径 7.5、残高 2 厘米（图四六，10）

2. 石器

第 10 组出土石器也很少，可分为打制与磨制两类。

（1）打制石器

9 件。主要有刮削器及碎石片等。

刮削器　4件。

标本 T0302⑤：12，黑色砾石。质较硬。略呈扁平不规则三角形，弧刃，残。残长 6.3、宽 3.1、厚 0.7 厘米（图四六，11）。

（2）磨制石器

仅 2 件。

斧坯　1件。B 型。

标本 T0402⑥：1，灰色砾石。质较硬。略呈梯形，顶、刃残。残长 6.4、宽 5、厚 1.1 厘米（图四六，12；彩版一七，7）。

刀坯　1件。

标本 T0402⑥：26，黑色砾石，可见灰白色石纹。质较硬。略呈扁长方形，直背，弧刃。长 11.3、宽 4.2、厚 1 厘米（图四六，13；彩版一七，8）。

一一、燎祭遗迹

位于山顶台地中部。开口于②层下，打破生土。残存遗迹略呈圆形，保留明显活动面，与上层能自然剥离。南部被清代 F6 打破，中部存在现代大地测量水泥柱基点 2 个。在其北部和西南部分别保留火烧面 2 个和 1 个。遗迹及活动面东西长约 6.25、南北宽约 5.75 米（图四七；彩版一八）。

火烧面 1　位于燎祭遗迹北部，平面呈椭圆形，烧面直径 1.05~1.2 米，残存木炭灰烬，无包含物。

火烧面 2　位于火烧面 1 东南部，平面呈不规则圆形，为红烧硬结面，部分地方泛白，烧面直径 1.15~1.25 米，残存木炭灰烬。

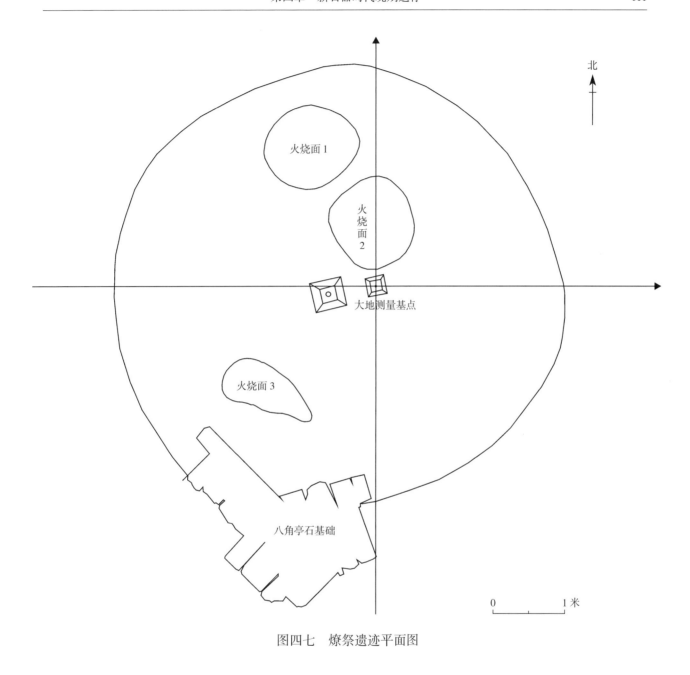

图四七　燎祭遗迹平面图

　　火烧面 3　位于燎祭遗迹西南部，平面呈不规则扁圆形，烧面长径 1.3、短径 0.2~0.6 米，残存木炭灰烬。

第三节　分期与年代

　　从前述灵山遗址 10 组新石器时代晚期遗存出土遗物的介绍中我们可以看出，其陶器的陶质、陶色、纹饰和器物种类与组合虽然共性很多，但从早到晚也存在着一些差别，这为我们开展分期与年代方面的研究提供了基础。

一、分期

根据地层、遗迹间的叠压打破关系将各组陶系中的陶质、陶色、器表素面和纹面的比例、纹饰列表再取其均值（表二六）。

从表中我们可以将本遗址的陶系变化分为以下 5 段：

第 1 段，仅有第 1 组。陶质全为夹砂，以夹细砂为主，占近 60%，夹粗砂稍少，约占 40%。陶色以褐、黑陶为主，次为红陶，灰褐陶较少，灰陶极少。器表素面略多，约占 53%，纹面略少，

表二六　新石器时代晚期陶系统计表

分期		一	二				三			
段		1	2	3		4	5			
组		1	2	3	4	5	6	7	8	9	10
陶质	夹粗砂	42.39	28.62	25.00	29.26	28.48	23.40	25.47	20.69	21.51	8.37
	夹细砂	57.61	24.52	28.26	16.02	25.53	27.52	35.97	59.18	57.15	52.41
	合计	100.00	53.15	53.26	45.28	54.02	50.92	61.44	79.87	78.66	60.78
	泥质		46.85	46.74	54.72	45.98	49.08	38.56	20.13	21.34	39.22
陶色	红	23.48	20.69	21.75	34.47	31.65	22.15	26.90	25.20	31.30	24.37
	黑	27.08	19.98	34.79	22.62	24.38	21.85	20.20	17.20	19.68	18.94
	灰	1.92	29.65	20.65	16.46	9.74	22.25	23.66	31.02	19.24	23.5
	褐	28.93	6.99		6.12	12.63	7.28	8.28	7.64	6.64	4.56
	灰褐	18.59	8.53	22.83		10.22	11.14	6.06	10.92	20.17	21.29
	黄褐		14.16		20.34	11.38	15.33	14.90	8.18	2.97	7.34
器表	素面	53.05	53.09	42.39	40.61	45.32	54.13	70.91	68.09	65.99	66.38
	纹面	46.95	46.91	57.61	59.39	54.68	45.87	29.09	31.91	34.01	33.62
纹饰	绳纹	21.00	29.26	33.70	36.54	36.99	27.81	16.56	18.75	11.23	10.71
	复合纹	10.30	8.29	12.00	13.70	8.62	7.94	3.65	6.28	3.90	6.76
	附加堆纹		4.92	2.17	2.25	2.91	4.84	4.84	0.86	8.52	6.45
	弦纹	5.05	2.14	7.61	5.40	3.27	3.62	0.80	2.64	1.95	3.53
	戳印纹	9.37	0.99		0.58	1.96	1.17	1.62	1.54	0.66	2.79
	划纹	1.28	1.31	2.17			0.93	0.49	1.63	1.83	7.08	1.76
	镂孔				0.37						0.67	1.62
	贴塑				0.58							

约占 47%。纹饰以绳纹为主,次为复合纹,戳印纹较少,弦纹更少,划纹很少。

第 2 段,仅有第 2 组。陶质中泥质明显增加,但仍以夹砂略多,约占 53%,泥质约占 47%。陶色以灰陶为主,次为红、黑陶,黄褐陶较多,灰褐和褐陶较少。器表素面和纹面的比例同第 1 段。纹饰仍以绳纹为主,次为复合纹,附加堆纹和弦纹较少,划纹和戳印纹很少。

第 3 段,包括第 3、4、5 组。从陶质总体看,夹砂略多于泥质,陶色以红、黑陶为主,最大特点是器表纹面多于素面,纹面约占 55%~60%,素面约占 40%~45%。纹饰比例与第 2 段略同。

第 4 段,仅第 6 组。陶质中夹砂和泥质所占比例几乎相等,夹砂约占 51%,泥质占 49%。陶色以灰、红、黑陶为主,各约占 22%。器表素面略多于纹面,素面约占 54%,纹面约占 46%。纹饰比例与第 3 段略同。

第 5 段,包括第 7、8、9、10 组。陶质中夹砂明显多于泥质,夹砂约占 60%~80%,泥质约占 20%~40%。陶色以红、灰陶为主,次为黑、灰褐陶,黄褐和褐陶较少。器表素面明显多于纹面,素面约占 65%~70%,纹面约占 30%~35%。纹饰所占比例同前。

根据地层、遗迹间的叠压打破关系和对其陶器的分类排队,我们将本遗址新石器时代晚期遗存的主要单位出土的陶器种类和型式按分组合并后列附表二。

从附表二中我们可以看出,陶器种类约有瓮、缸、罐、小罐、盆、盘、钵、杯、器盖、纺轮 10 类 21 种器物,其中,Bb 型高领瓮、缸、宽折沿罐、宽卷沿罐、窄卷沿罐、Ba 型高领罐、Bb 型高领罐、A 型小侈口罐、B 型小侈口罐、敛口钵、器盖这 11 种陶器和器型基本上从早到晚都有,而且形制没有变化。剩余 10 种陶器种类和型式存在出现、使用和消失的阶段性变化。

根据陶系变化和陶器组合与形制特征的阶段性变化情况,我们可以将本遗址新石器时代晚期遗存归纳为三期,其中第一期分为 1 段 1 组;第二期可分为 3 段 5 组;第三期可分为 1 段 4 组(图四八)。归纳各期特征如下:

第一期:仅 1 段 1 组。

陶质全为夹砂,以夹细砂为主,夹粗砂稍少。陶色以褐、黑陶为主,次为红陶,灰褐陶较少,灰陶极少。器表素面略多,纹面略少。纹饰以绳纹为主,次为复合纹,戳印纹较少,弦纹更少,划纹很少。

器物组合以 A 型 I 式高领瓮,瓮形器,缸,宽折沿罐,宽卷沿罐,Ba 型高领罐,A 型小侈口罐,I 式卷沿盆,A 型 I 式折沿盆,敛口钵,杯,器盖等为主。

第二期:可分为 3 段 5 组。陶器中陶质发生了很大变化,泥质陶明显增加。

第 2 段 2 组:

陶质中泥质明显增加,但仍以夹砂略多,约占 53%,泥质约占 47%。陶色以灰陶为主,次为红、黑陶,黄褐陶较多,灰褐和褐陶较少。器表素面和纹面的比例同第 1 段。纹饰仍以绳纹为主,次为复合纹,附加堆纹和弦纹较少,划纹和戳印纹很少。

器物组合除沿用第 1 段的陶器种类和型式外,新出现有 Ba 型 I 式、II 式和 Bb 型高领瓮,I

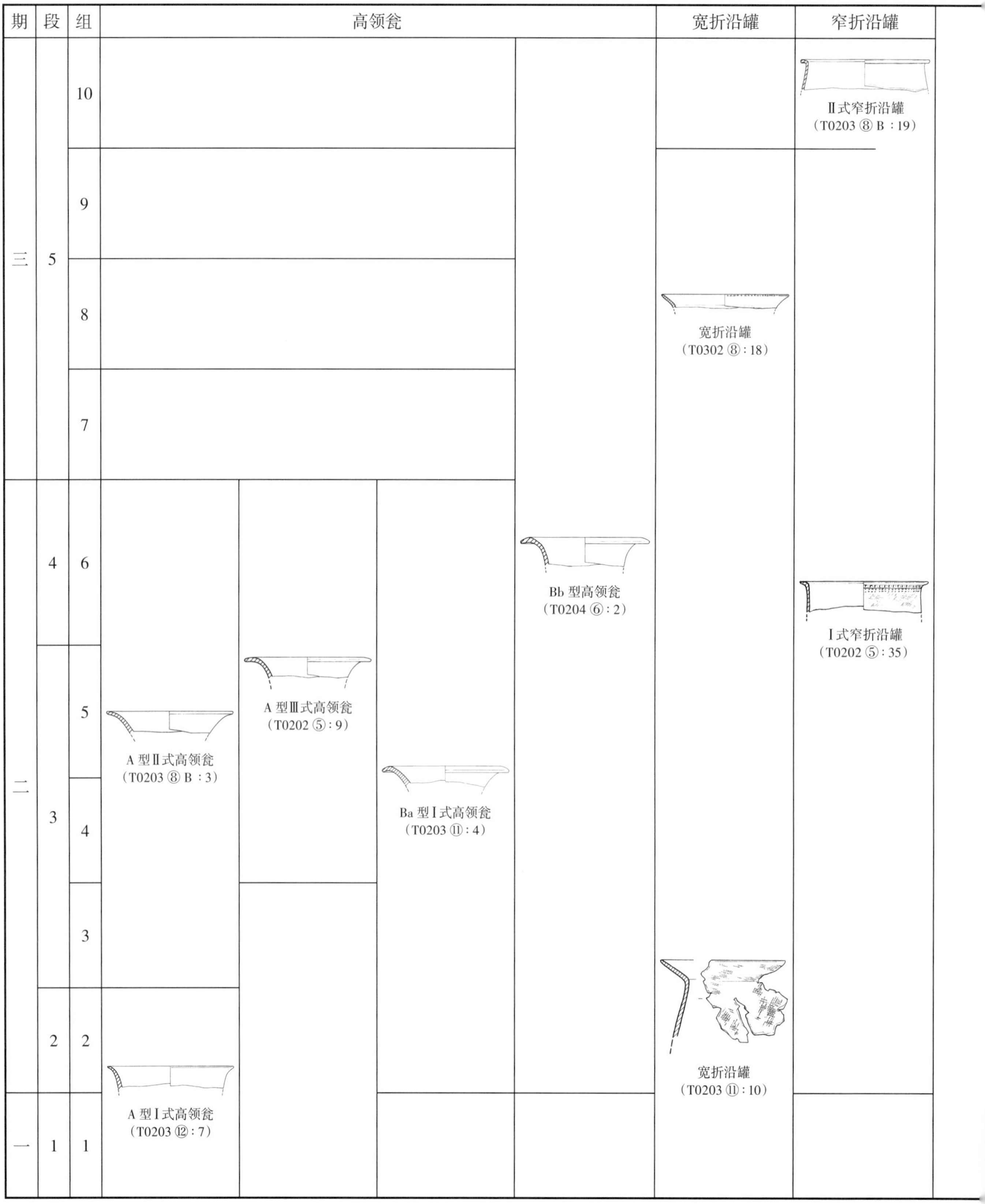

期	段	组	高领瓮				宽折沿罐	窄折沿罐
三	5	10						II式窄折沿罐（T0203⑧B:19）
		9					宽折沿罐（T0302⑧:18）	
		8						
		7						
二	4	6				Bb型高领瓮（T0204⑥:2）		I式窄折沿罐（T0202⑤:35）
	3	5	A型II式高领瓮（T0203⑧B:3）	A型III式高领瓮（T0202⑤:9）	Ba型I式高领瓮（T0203⑪:4）			
		4						
		3						
	2	2					宽折沿罐（T0203⑪:10）	
一	1	1	A型I式高领瓮（T0203⑫:7）					

图四八　新石器时代晚期

高领罐	盘口罐	小侈口罐	卷沿盆	折沿盆	
	窄沿盘口罐 (T0203⑦：27)	B型小侈口罐 (T0103⑪：12)		B型Ⅱ式折沿盆 (T0103⑪：19)	
			Ⅱ式卷沿盆 (T0203⑥：35)		
A型Ⅱ式高领罐 (T0204⑥：8)	宽沿盘口罐 (T0204⑦：14)			A型Ⅱ式折沿盆 (T0302⑧：43)	
A型Ⅰ式高领罐 (T0203⑪：7)		A型小侈口罐 (T0203⑫：3)		B型Ⅰ式折沿盆 (T0502⑦：7)	
		Ⅰ式卷沿盆 (T0202⑦：10)	A型Ⅰ式折沿盆 (T0103⑬：2)		

典型陶器分期示意图

式、Ⅱ式窄折沿罐，窄卷沿罐，A 型 Ⅰ 式、Bb 型高领罐，束颈罐，B 型有肩罐，B 型小侈口罐等。

第 3 段 3 组：

陶质总体看，夹砂略多于泥质，陶色以红、黑陶为主，最大特点是器表纹面多于素面，纹面约占 55%~60%，素面约占 40%~45%。纹饰与第 2 段略同。

器物组合除了沿用第 2 组的陶器种类和型式外，新出现的有 A 型 Ⅱ 式高领瓮等。消失的有 A 型 Ⅰ 式高领瓮、束颈罐、Ⅰ 式卷沿盆等。

第 3 段 4 组：

陶质同第 3 组。器物组合除沿用第 3 组的种类和型式外，新出现 A 型 Ⅲ 式高领瓮、B 型 Ⅱ 式折沿盆、盘、圈足器、A 型纺轮等。

第 3 段 5 组：

陶质同第 3 组。器物组合除沿用第 4 组的种类和型式外，新出现 A 型 Ⅱ 式高领罐，宽沿盘口罐，B 型、C 型纺轮等。消失的有折沿罐、A 型 Ⅰ 式高领罐、盘等。

第 4 段 6 组：

陶质中夹砂和泥质所占比例几乎相等，夹砂约占 51%，泥质占 49%。陶色以灰、红、黑陶为主，各约占 22%。器表素面略多于纹面，素面约占 54%，纹面约占 46%。纹饰与第 3 段相同。

器物组合除沿用第 5 组的陶器种类和型式外，新出现的有 A 型、C 型有肩罐，B 型小直口罐，小高领罐，小有肩罐，Ⅱ 式卷沿盆，A 型 Ⅱ 式折沿盆，敞口钵等。消失的有宽沿盘口罐，B 型、C 型纺轮。

第三期：可分为 1 段 4 组。

陶质中夹砂明显多于泥质，夹砂约占 60%~80%，泥质约占 20%~40%，陶色以红、灰陶为主，次为黑、灰褐陶，黄褐和褐陶较少。器表素面明显多于纹面，素面约占 65%~70%，纹面约占 30%~35%。纹饰与第二期同。

第 5 段 7 组：除沿用第 6 组的器物种类和型式外，新出现的只有 D 型纺轮。消失的器物种类和型式较多，有 A 型 Ⅱ 式、A 型 Ⅲ 式、Ba 型 Ⅰ 式、Ba 型 Ⅱ 式高领瓮，A 型 Ⅱ 式高领罐，A 型、B 型、C 型有肩罐，B 型小直口罐，小高领罐，小有肩罐，A 型 Ⅰ 式、A 型 Ⅱ 式、B 型 Ⅰ 式折沿盆，敞口钵，B 型纺轮，圈足器等。

第 5 段 8 组：除沿用第 7 组的器物种类和型式外，新出现窄沿盘口罐、小平底器。

第 5 段 9 组：基本沿用第 8 组的器物种类和型式。

第 5 段 10 组：基本沿用第 9 组的器物种类和型式。消失的有宽折沿罐、Ⅰ 式窄折沿罐、窄沿盘口罐、Ⅱ 式卷沿盆、敛口钵、器盖、小平底器、D 型纺轮等。

二、年代

本遗址新石器时代遗存的年代可以从 ^{14}C 检测和器物的比较分析以及与相邻地区年代比较确

定的文化遗址的比较等方面来认识。

1. 目前，本遗址新石器时代标本 ^{14}C 检测的只有一批，共 3 个，是 2017 年在北京大学加速器质谱（AMS）实验室所检测的年代（表二七）。

表二七　新石器时代标本 ^{14}C（AMS）检测表

Lab 编号	样品	样品原编号	出土地点	^{14}C 年代（BP）	树轮校正后年代	
					1σ（68.2%）	2σ（95.4%）
BA170043	木炭	2016LWLT0203 ⑨	四川省阆中市文成镇梁山村灵山遗址	4175 ± 25	2876BC（12.2%）2858BC 2810BC（41.5%）2751BC 2722BC（14.4%）2701BC	2882BC（20.1%）2836BC 2816BC（75.3%）2670BC
BA170044	木炭	2016LWLT0204 ⑧		4165 ± 30	2874BC（11.9%）2851BC 2813BC（37.8%）2742BC 2729BC（18.6%）2695BC	2881BC（19.5%）2832BC 2820BC（75.9%）2633BC
BA170045	木炭	2016LWLH19		4195 ± 30	2883BC（17.7%）2861BC 2808BC（41.4%）2757BC 2719BC（9.1%）2705BC	2891BC（25.3%）2839BC 2815BC（70.1%）2676BC

注：所用 ^{14}C 半衰期为 5568 年，BP 为距 1950 年的年代。

树轮校正所用曲线为 IntCal 13 atmospheric curve (Reimer et al 2013)，所用程序为 OxCal v4.2.4 Bronk Ramsey (2013); r:5.

1. Reimer, P.J., Bard, E., Bayliss, A., Beck, J.W., 2013. IntCal 13 and Marine13 radiocarbon age calibration curves 0-50,000 years cal BP, Radiocarbon 55, 1869-1887.

2. Christopher Bronk Ramsey 2015, https://c14.arch.ox.ac.uk/oxcal/OxCal.html.

我们根据地层、遗迹间打破关系和出土陶器陶系、器物组合、形制特征的变化情况将本遗址新石器时代遗存分为三期 5 段 10 组，表中的 T0203 ⑨ 和 T0204 ⑧ 层经过打隔梁后的地层对照，是同一层位的，属第二期 3 段 4 组，其碳测数据的重合度也非常高。H19 是 T0203 南面相邻探方的，从地层对应关系看早于另外 2 个数据，属第二期 2 段 2 组，年代略早于前 2 个数据，其树轮校正后的绝对年代应该介于距今 4890~4670 年之间，也就是说本遗址第二期的上限不超过 4900 年，第二期最晚的第 4 段第 6 组年代约在距今 4700 年左右；早于第二期的第一期年代约在距今 5000~4900 年之间，晚于第二期的第三期年代当在距今 4700~4500 年之间。

2. 从周边地区已经公布的同时期考古发现材料看，本遗址第 2 组 Ba 型 Ⅰ 式高领瓮（T0203 ⑪：4）与重庆忠县哨棚嘴 1999 年度第一期晚段的小口高领瓮（99ZGST312 ⑯ B：1）[1] 特征相同；第 4 组出土的盘（T0203 ⑨：1）与哨棚嘴 1999 年度第二期晚段的 A 型内折沿钵（99ZGST332 ⑭：3）[2]、重庆北碚区大土遗址内折沿钵（AT4 ②：8）[3] 特征相同，其年代应

[1] 北京大学考古学研究中心、北京大学考古文博学院三峡考古队、重庆市忠县文物管理所：《忠县哨棚嘴遗址发掘报告》，《重庆库区考古报告集》（1999 卷），科学出版社，2006 年，第 530~643 页。

[2] 北京大学考古学研究中心、北京大学考古文博学院三峡考古队、重庆市忠县文物管理所：《忠县哨棚嘴遗址发掘报告》，《重庆库区考古报告集》（1999 卷），科学出版社，2006 年，第 530~643 页。

[3] 重庆市文化遗产研究院、重庆文化遗产保护中心：《嘉陵江下游考古报告集》，科学出版社，2015 年，第 35~50 页。

该大体相同，学术界公认为年代约在距今 4800 年前后。盘口罐与重庆忠县中坝遗址第二期以及成都平原地区宝墩遗址第一、二期同类器物特征相同；罐类器物沿下和腹部多施附加堆纹的特征也与上述地区同类器相同，但在唇部特征上也存在差异，如本遗址器物唇部施绳切纹或戳印纹的数量比较少且纹痕比较浅，与其他遗址出土的唇部呈锯齿或波浪形唇差别明显。

第四节　社会分工与生业形态

从遗址出土的遗迹、遗物观察，存在有制陶、石器加工、纺织等社会分工。

在遗址发掘过程中，我们开展了筛选和浮选工作，但从结果看，筛选没有发现一块动物骨骼。

灵山遗址共取土样 27 份，共计土样 176 升，240.21 千克。其中 26 份位于山腰区；仅 1 份位于山顶区，山顶区土样体积 7 升，重量 8.355 千克（表二八）。

浮选方法和实验室鉴定

浮选采用小水桶法。即将土样倒入桶中，由工作人员戴着手套搅拌，搅拌后等水稍微澄清一下，将浮起的炭化物等连水倒入 80 目的锦纶纱网中，重复以上步骤，直到水面不见炭化物为止。将锦纶纱网悬挂于阴凉处，待干透后，在实验室分别用 10 目、20 目、40 目、60 目的分选筛进行分选，然后在体视显微镜下将种子挑选出来进行鉴定并拍照记录。

鉴定结果分析

山腰区共采集土样 26 份，共计 169 升，231.855 千克。其中地层土样 8 份，灰坑土样 15 份，柱洞土样 1 份，灶土样 2 份。地层土样以 T0203 为主系列取样，相邻探方 T0303 为补充取样。T0203 取样单位⑥、⑦、⑧、⑨、⑩、⑪层各 1 份，T0303 的⑥、⑦层各取土样 1 份。灵山遗址山腰区的发掘并未统一地层，报告将地层和遗迹单位划分为 13 组，其中 1~10 组为新石器时代晚期堆积，11 组为唐宋堆积，12 组为明清堆积，13 组为近现代堆积。灵山遗址取样遗迹类型丰富，包括灰坑、灶和柱洞。其中 Z1、H4 为报告中第 12 组单位，时代上为明清时期。其余各单位分属 2~9 组，均为新石器时代晚期堆积。

轻浮浮选出木炭、种子、果实、果皮、昆虫、螺壳等。对大于 2 毫米的木炭单独收集并称重（表二九）。对炭化的植物种子、果实和现生植物种子、果实均进行收集、整理。作物类通常可以鉴定到种，农田杂草部分可以鉴定到种；有的属种子类似，炭化后缺乏颜色之类的关键信息，通常只鉴定到属；部分如菊科、杜鹃花科等，种子较小，形态接近，就只鉴定到科。炭化植物种子碎块和缺失关键鉴定特征的种子未做鉴定。未炭化小浆果果皮、昆虫、螺壳等动植物遗存推测为现生动植物扰入，故对这部分不进行分析，仅登记在表三〇中。这里的种子是一个比较大的概念，部分颖果、小坚果均作为种子进行鉴定。部分种子（含颖果、小坚果）在遗址中数量较少，不能完全确定，也有部分种子受限于资料，未能查出，这些未确定的种子均按鉴定顺序命名为未定种子 A、B、C、D……并在表格中给出具体的描述和鉴定参考意见。

表二八 灵山遗址浮选信息登记表

浮选号	遗迹号	地层组	探方号	开口地层、打破关系	土样		轻浮	
					体积（L）	重量（kg）	体积（ml）	重量（g）
FX2016LWL-01	H13	6	T0302	⑧—H13→⑨	3	4.845	1	0.2224
FX2016LWL-02	H4①	12	T0202	②—H4→③	9	13.92	16	14.0029
FX2016LWL-03	H4②	12	T0202	②—H4→③	12	16.375	30	21.4409
FX2016LWL-04	D1	6	T0302	⑧—D1→⑨	3	6.04	8	7.6262
FX2016LWL-05	T0203⑨	4	T0203		5	7.1	6	4.4589
FX2016LWL-06	H19	2	T0202	⑦—H19→生土	5	7.895	20	19.9062
FX2016LWL-07	H12	6	T0302	⑧—H12→⑨	7	10.35	8	0.9110
FX2016LWL-08	Z1②	12	T0204	②B—Z1→③A	5	8.2	5	2.5934
FX2016LWL-09	H16	2	T0302	⑨—H16→生土	5	8.765	7	5.4382
FX2016LWL-10	H8	8	T0204	⑤—H8→生土	7	9.88	4	1.6843
FX2016LWL-11	T0303⑥	6	T0303		8	9.985	3	1.9738
FX2016LWL-12	H11	2	T0203	⑪—H11→⑫	4	5.39	1	0.1821
FX2016LWL-13	T0203⑥	9	T0203		5	7.02	6	0.8856
FX2016LWL-14	Z1①	12	T0204	②B—Z1→③A	5	6.665	4	1.6192
FX2016LWL-15	H15	4	T0204	⑧—H15→⑨	6	7.585	7	4.8720
FX2016LWL-16	T0203⑧B	6	T0203		5	6.505	12	10.9178
FX2016LWL-17	T0203⑦	8	T0203		4	6.365	4	2.3584
FX2016LWL-18	H14	6	T0302	⑧—H14→⑨	7	9.015	5	3.1125
FX2016LWL-19	H7	9	T0303	④—H7→⑤	10	12.53	10	9.6271
FX2016LWL-20	H17	2	T0302	⑨—H17→生土	4	5.465	0.5	0.3984
FX2016LWL-21	H20	2	T0302	⑨—H20→生土	12	14.23	4	2.7081
FX2016LWL-22	H18	6	T0302	⑧—H18→⑨	9	10.22	2	1.4285
FX2016LWL-23	T0203⑩	3	T0203		6	7.685	2	1.3778
FX2016LWL-24	H22	6	T0402	⑦—H22→⑧	7	8.895	10	3.8586
FX2016LWL-26	T0303⑦	2	T0303		9	12.25	2	0.6877
FX2016LWL-27	T0203⑪	2	T0203		7	8.68	1	0.1770
FX2016LWL-25	燎祭②				7	8.355	70	24.0984
总计					176	240.21	248.5	148.5674

表二九　灵山遗址植物种子鉴定一览表

地层组	浮选号	遗迹号	≥2mm 木炭（g）	黍	粟	紫苏	炭化种子	现生种子
2	FX2016LWL-12	H11						
	FX2016LWL-09	H16					未定种子A，3	未定种子A，1
	FX2016LWL-20	H17						
	FX2016LWL-06	H19	0.2191	4				
	FX2016LWL-21	H20		1	2			
	FX2016LWL-27	T0203⑪						
	FX2016LWL-26	T0303⑦	0.0285	1				
3	FX2016LWL-23	T0203⑩		3	4			
4	FX2016LWL-15	H15		1		87		
	FX2016LWL-05	T0203⑨	0.0039	1				
6	FX2016LWL-04	D1						
	FX2016LWL-07	H12						
	FX2016LWL-01	H13						
	FX2016LWL-18	H14	0.0318					
	FX2016LWL-22	H18						
	FX2016LWL-24	H22						
	FX2016LWL-11	T0303⑥				1	狗尾草，1； 未定种子C，3	未定种子A、B，各1
	FX2016LWL-16	T0203⑧B	0.0201					未定种子A，1
8	FX2016LWL-10	H8	0.0185	2				
	FX2016LWL-17	T0203⑦				7	水稻，3；稗属，1； 未定种子D，1	
9	FX2016LWL-19	H7						未定种子E，1
	FX2016LWL-13	T0203⑥	0.0449				未定种子D，4	
12	FX2016LWL-02	H4①	0.0185					
	FX2016LWL-03	H4②	0.8357			2	拉拉藤属，1	未定种子A，10； 杜鹃花科，1
	FX2016LWL-14	Z1①	0.026	1			未定种子F，1	接骨木属，1
	FX2016LWL-08	Z1②						
	FX2016LWL-25	燎祭②	0.2445					酢浆草，1；苋科，1； 牡荆，1；未定种子G，1
总计				14	14	89		

　　灵山遗址浮选出的植物果实、种子、果皮等共计205颗，炭化种子156颗，炭化种子平均0.98颗/升，其中大于一半的炭化种子133颗，种子分布密度非常小。种子在遗址中的分布也非常不均衡，87颗紫苏同出于H15。黍、粟、稻三种炭化作物种子共计出土31颗。粟有尖头、圆头的区别，这个差别可能不是由于品种不同而造成的。狗尾草在大小上较粟小，形态上头更尖，整体偏瘦。狗尾草和粟还有一个比较关键的区别在侧面，粟的厚度最大值偏上，看上去更饱满，狗尾草的厚度最大值在中间，两头尖，看上去更"瘦"一点。

浮选结果分组讨论

　　第2组包括T0303⑦层、T0203⑪层、H19、H16、H11、H17、H20共7个单位，共出土种子12颗，其中炭化种子11颗，仅8颗为作物种子。包括H19出土黍（*Panicum miliaceum*）4颗（图四九，1），H20出土黍1颗、粟（*Setaria italica*）2颗，T0303⑦层出土黍1颗。另有H16出土未定种子A 3颗（表三〇，下同）。出土概率方面，在第2组7个单位中有3/7的单位出土了黍，仅有1/7的单位出土了粟。由于种子数量太少，具体的比率缺乏统计学的依据，但很明显可以看出，在最早的第2组中，黍占据了绝对优势。

　　第3组仅T0203⑩层1个单位，出土了14粒炭化植物种子，其中包含黍3颗（图四九，2）、粟4颗（图四九，5~7），不可鉴定碎块7块。

　　第4组包括T0203⑨层、H15共2个单位，共出土炭化种子90颗，其中T0203⑨层出土了1颗黍、1颗种子碎块。H15出土了88颗种子，其中黍1颗（图四九，3）、紫苏（*Perilla frutescens*）87颗（图五一，1）。紫苏为唇形科（Lamiaceae）常见植物，四川各地均有分布，有特殊香味，现代用作烹饪佐料，四川早期遗址中也多有发现。H15中发现大量紫苏小坚果或种子，推测可能与人类活动紧密相关。

　　第5组没有浮选样本。

　　第6组包括T0303⑥层、T0203⑧B层、H12、H13、H14、H18、H22、D1共8个单位。T0303⑥层中出土了9颗种子，其中炭化种子7颗，包括粟（圆头，局部有爆裂现象）1颗、狗尾草（*Setaria viridis*）1颗（图四九，9）、未定种子C（中空，果壳截面呈六边形，表面有6条纵棱）3颗（图五〇，1），另有2颗为不具有鉴定特征的种子碎块。另有现生未定种子A（平面卵圆形，中间厚、边缘薄，表皮有微小褶皱或小点，长1.86、宽1.26毫米）1颗（图五一，2）、未定种子B（图五一，4）1颗。T0203⑧B层出土有1颗不可鉴定的种子残块，从胚的形态看与禾本科接近，但种子较大，长1.74毫米。另有现生未定种子A 1颗。H22仅出土2块炭化种子碎块和5个现生小浆果果皮。

　　第7组没有浮选样本。

　　第8组包括T0203⑦层、H8共2个单位，共发现炭化植物种子21颗。T0203⑦出土炭化种子18颗，其中粟7颗（图四九，8），是单个遗迹中发现粟最多的单位。水稻（*Oryza sativa*）残块3颗（图五一，8），T0203⑦层是唯一发现水稻的单位。杂草稗属（*Echinochloa* sp.）1颗（图

图四九　黍、粟、狗尾草、稗属

1~4. 黍（H19 成熟、T0203 ⑩、H15 爆裂、H8 未成熟）　5~8. 粟（T0203 ⑩ 圆头成熟、T0203 ⑩ 爆裂、T0203 ⑩ 尖头爆裂、T0203 ⑦ 未成熟）　9. 狗尾草（T0303 ⑥）　10. 稗属（T0203 ⑦）

图五〇　未定种子

1. 未定种子 C（T0303⑥）　　2. 未定种子 F（Z1①）　　3. 未定种子 D（T0203⑥）

四九，10）。未定种子 D（球形，直径 1 毫米左右，表面满布浅球状小凸起）仅 1 颗，无鉴定特征碎块 6 颗。7 颗粟可分为圆头型和尖头型，圆头型 4 颗，其中 2 颗爆裂，2 颗未成熟；尖头型 3 颗，其中 1 颗未成熟。3 颗水稻中 2 颗瘦长，可能是同一颗残断形成。H8 出土黍 1 颗，未成熟黍 1 颗（图四九，4），无鉴定特征种子碎块 1 颗。另有现生浆果 4 颗。

　　第 9 组包括 T0203⑥层、H7 共 2 个单位，共出土炭化植物种子 6 颗。T0203⑥层包括未定种子 D（球形，直径 0.6~1 毫米，表面密布半球形凸起）4 颗（图五〇，3），无鉴定特征种子碎块 2 颗。H7 无炭化植物种子，仅有现生未定种子 E（图五一，6）1 颗。

　　第 10、11 组没有浮选样本。

　　第 12 组包含 H4①、H4②、Z1①、Z1②[1] 层共 4 个单位。H4②层有炭化种子 3 颗，其中拉拉藤属（*Galium* sp.）1 颗（图五一，7）、紫苏 2 颗。另有现生未定种子 A（图五一，3）10 颗、杜鹃花科 1 颗。Z1①层有炭化种子 2 颗，其中未定种子 F（球形，直径约 0.5 毫米）1 颗（图五〇，2）、黍 1 颗。

　　山顶燎祭遗址②层未发现炭化植物种子，但 7 升土中浮选出 0.2445 克木炭，仅次于明清遗迹 H4②层的 0.8357 克木炭，是早期遗迹单位中木炭最多和比重最大的遗迹单位。燎祭遗址②层有丰富的现生植物种子，如酢浆草（*Oxalis corniculata*）、苋科（Amaranthaceae）种子及牡荆（*Vitex negundo*）果实、未定种子 G（图五一，5）、现生小浆果果皮等。

　　从灵山遗址浮选鉴定结果可以看出，灵山遗址整体种子密度低，但非常有特色。炭化植物种子中，黍、粟、紫苏与人类活动密切相关。其中黍的出土概率最高，占 30.77%，但总数仅有 14 颗；其次为粟，出土概率为 15.38%，总数有 14 颗；紫苏出土概率为 7.69%，数量最多，共 89 颗；水

―――――――――――

[1] Z1 土样提取时根据土质、土色细微差别分为①、②层，实际整理中发现差别不大，取消分层，因已按分层提取土样，故此处保留分层。

图五一　紫苏、未定种子、拉拉藤属、水稻

1. 紫苏（H15）　　2、3. 未定种子 A（T0303⑥、H4②现生）　　4. 未定种子 B（T0303⑥）　　5. 未定种子 G（燎祭②）
6. 未定种子 E（H7）　　7. 拉拉藤属（H4②）　　8. 水稻（T0203⑦）

稻仅第 8 组 T0203 ⑦层出土 3 颗。并且，黍、粟仅两个单位 H20、T0203 ⑩层同出，H20 属第 2 组，T0203 ⑩属第 3 组，年代都偏早。紫苏虽然仅在 H15、H4 ②层 2 个单位出土，但 H15 中出土 87 颗紫苏，数量惊人。紫苏是一种有特殊气味的香草，H15 集中出土 87 颗，也是十分少见。灵山遗址杂草种子种类和数量都偏少，尤其是炭化的农田杂草非常少，仅发现 1 颗狗尾草种子、1 颗稗属种子。灵山遗址的水稻数量有 3 颗，但其中 2 颗瘦长型的大小接近，可能为同一颗。水稻出土概率低、数量少，仅有的 3 颗就可能包含 2 种不同的品种，更说明水稻的来源可能是交换获得，非本地种植。

　　阆中灵山遗址位于嘉陵江边的小山丘山腰上，位于其上游的阆中郑家坝[1]遗址也曾做过浮选和植物种子鉴定工作。郑家坝遗址早期遗存与十二桥文化相近，属商周时期，出土作物以粟为大宗，在农作物中所占比重高达 81.2%，黍其次，比重为 18.46%，稻最少，比重为 3.78%。而粟的出土概率更是达到了 98.34%。作物之外，还浮选出丰富的豆科、茄科、葡萄属、李属、梅等可食用植物资源，较多的黍属、狗尾草属、马唐属、稗属等农田杂草种子。从浮选出的作物和非作物种子来看，郑家坝遗址和灵山遗址存在显著的差别，并且这种差别无法仅仅从年代差距来解释，尽管两个遗址主体年代确实存在约一千年的差异。灵山遗址黍、粟虽然在数量上接近，但黍的出土概率更高。造成这种差异的原因可能是在气候、环境共同作用下，人群主动选择的结果。郑家坝遗址位于嘉陵江西岸一级阶地上，地势平坦而开阔，近江边，也宜于栽种水稻。灵山遗址虽然同位于嘉陵江畔，但位于山腰，地势狭窄，种植业不发达，除了粟、黍数量少、出土概率不高外，农田杂草数量低、种类少也可辅证。并且，其他可采集食用的种子也发现较少。这些都说明灵山遗址人类活动的频率可能并不高，再加上此处地势陡峭并不宜居等原因，灵山遗址可能并非通常人类活动较为频繁的村庄，更倾向于是临时性的营地，新石器时代早期的人群并不在这里进行通常的生产和生活活动，仅在特定的时候聚集于此，这也与灵山遗址山顶燎祭圆台的存在相呼应。

　　综合发掘所获信息，灵山遗址的先民应该有了农业、采摘、制陶、石器加工、纺织等社会分工，其生业形态也与之相关。但值得注意的是，在背山面水的遗址环境下，为什么一块鱼骨也没有发现？也没有筛选出一块动物骨骼？而且，浮选出的植物种子数量也与一般聚落类的同时代遗址相距甚远？从遗址存在一套小型陶器组合和燎祭遗迹看，或许也与遗址性质为祭祀遗址有关。

[1] 闫雪、郭富、王育茜等：《四川阆中市郑家坝遗址浮选结果及分析——兼谈四川地区先秦时期炭化植物遗存》，《四川文物》2013 年第 4 期。

表三〇　灵山遗址植物种子鉴定详表

地层组	单位	中文名	浮选号	拉丁科名	拉丁名	数量	炭化	备注信息
2	H11	昆虫	FX2016LWL-12	Undet	Undet	1		现生昆虫
	H16	未定种子A	FX2016LWL-09	Undet	Undet	3	√	小坚果，肾形
		未定种子A	FX2016LWL-09	Undet	Undet	1		棕褐色，表皮有微小褶皱或小点
	H19	黍	FX2016LWL-06	Poaceae	*Panicum miliaceum*	4	√	圆头，长1.7、宽1.3mm
	H20	黍	FX2016LWL-21	Poaceae	*Panicum miliaceum*	1	√	圆头，爆裂
		粟	FX2016LWL-21	Poaceae	*Setaria italica*	2	√	圆头，其中1粒长1.2、宽1、厚0.7mm
	T0303⑦	黍	FX2016LWL-26	Poaceae	*Panicum miliaceum*	1	√	圆头
3	T0203⑩	黍	FX2016LWL-23	Poaceae	*Panicum miliaceum*	1	√	圆头，长1.5、宽1.4、厚1.1mm
		黍	FX2016LWL-23	Poaceae	*Panicum miliaceum*	1	√	圆头，长1.6、宽1.4mm
		黍	FX2016LWL-23	Poaceae	*Panicum miliaceum*	1	√	长1.7、宽1.5mm
		粟	FX2016LWL-23	Poaceae	*Setaria italica*	1	√	圆头，有爆裂迹象，长1.1、宽1.0mm
		粟	FX2016LWL-23	Poaceae	*Setaria italica*	1	√	圆头，长1.1、宽1.0mm
		粟	FX2016LWL-23	Poaceae	*Setaria italica*	1	√	残，尖头，长1.2mm
		粟	FX2016LWL-23	Poaceae	*Setaria italica*	1	√	尖头，残长1mm，最大径靠上，脐部轮廓清晰
		碎块	FX2016LWL-23	Undet	Undet	3	√	不确定，长1.5~1.8mm，大小像黍，脐部丢失或破损
		碎块	FX2016LWL-23	Undet	Undet	4	√	碎块，无特别特征
4	T0203⑨	黍	FX2016LWL-05	Poaceae	*Panicum miliaceum*	1	√	圆头，长1.7、宽1.3mm
		碎块	FX2016LWL-05	Undet	Undet	1	√	破损严重，已不能确认，小于1mm
	H15	黍	FX2016LWL-15	Poaceae	*Panicum miliaceum*	1	√	
		紫苏	FX2016LWL-15	Lamiaceae	*Perilla frutescens*	87	√	小坚果，有凸起的细线网格纹，部分网格纹脱落，脱落处略凹，部分果壳破碎；种子近球形，表皮无特征
6	H22	碎块	FX2016LWL-24	Undet	Undet	2	√	碎块
		小浆果	FX2016LWL-24	Undet	Undet	5		现生小浆果果皮

地层组	单位	中文名	浮选号	拉丁科名	拉丁名	数量	炭化	备注信息
6	T0303⑥	粟	FX2016LWL–11	Poaceae	*Setaria italica*	1	√	圆形，长、宽约 1.6mm，局部爆裂，脐残
		狗尾草	FX2016LWL–11	Poaceae	*Setaria viridis*	1	√	种子较窄，头尖，较小，长约 1、宽 0.7mm
		未定种子 A	FX2016LWL–11	Undet	Undet	1		平面卵圆形，中间厚、边缘薄，表皮有微小褶皱或小点，长 1.86、宽 1.26mm
		未定种子 C	FX2016LWL–11	Undet	Undet	3	√	中空，果壳截面呈六边形，表面有 6 条纵棱
		碎块	FX2016LWL–11	Undet	Undet	2	√	无鉴定特征，种子（？）
		未定种子 B	FX2016LWL–11	Undet	Undet	1		平面桃形，表皮附着泥土，黄白色，边缘有裂缝
	T0203⑧B	不能鉴定种子	FX2016LWL–16	Poaceae	Undet	1	√	底部与脐残，尖头，形状颇类黍，长 1.74mm，脐部过种子 1/2
		未定种子 A	FX2016LWL–16	Undet	Undet	1		平面椭圆形，中间厚、边缘薄，边缘有棱，表皮棕褐色，有小点。边缘有破口，可见里面种子
8	H8	黍	FX2016LWL–10	Poaceae	*Panicum miliaceum*	1	√	圆头
		未成熟黍	FX2016LWL–10	Poaceae	*Panicum miliaceum*	1	√	未成熟
		碎块	FX2016LWL–10	Undet	Undet	1	√	碎块，特征不明显
		小浆果	FX2016LWL–10	Undet	Undet	4		现生浆果果皮，直径 1.6~2mm
	T0203⑦	粟	FX2016LWL–17	Poaceae	*Setaria italica*	2	√	圆头，有爆裂迹象
		粟	FX2016LWL–17	Poaceae	*Setaria italica*	2	√	圆头，未成熟
		粟	FX2016LWL–17	Poaceae	*Setaria italica*	2	√	尖头
		粟	FX2016LWL–17	Poaceae	*Setaria italica*	1	√	尖头，未成熟
		水稻	FX2016LWL–17	Poaceae	*Oryza sativa*	3	√	其中 2 颗稻形瘦长，似未成熟，似乎为同一颗
		稗属	FX2016LWL–17	Poaceae	*Echinochloa* sp.	1	√	脐部太大，过 4/5，应为稗属
		未定种子 D	FX2016LWL–17	Undet	Undet	1	√	球形，直径 1mm 左右，表面满布浅球状小凸起
		碎块	FX2016LWL–17	Undet	Undet	6	√	没有鉴定特征，胚部已无
9	H7	未定种子 E	FX2016LWL–19	Undet	Undet	1		坚果或种子，桃形，表面有纵向细丝，长 1.2、宽 1mm

续表三〇

地层组	单位	中文名	浮选号	拉丁科名	拉丁名	数量	炭化	备注信息
9	H7	蚂蚁和昆虫	FX2016LWL-19	Undet	Undet	25		蚂蚁和昆虫
	T0203⑥	未定种子D	FX2016LWL-13	Undet	Undet	4	√	球形，直径0.6~1mm，表面密布浅球状小凸起
		碎块	FX2016LWL-13	Undet	Undet	2	√	碎块，无基本特征
		小浆果	FX2016LWL-13	Undet	Undet	5		现生浆果果皮
12	H4②	紫苏	FX2016LWL-03	Lamiaceae	*Perilla frutescens*	2	√	种子不大，圆形，表皮凹凸，形状类紫苏
		拉拉藤属	FX2016LWL-03	Rubiaceae	*Galium* sp.	1	√	种子近椭圆柱形，一头有圆形凹陷，表面密布网纹
		未定种子A	FX2016LWL-03	Undet	Undet	10		表皮棕褐色，有小点，侧面稍锋利，起棱
		杜鹃花科	FX2016LWL-03	Erucaceae	Undet	1		浅橙色，水滴状，长约1、宽约0.6mm
		螺壳	FX2016LWL-03	Undet	Undet	168		螺壳
	H4①	小浆果	FX2016LWL-02	Undet	Undet	2		现生浆果果皮
		螺壳	FX2016LWL-02	Undet	Undet	5		螺壳
	Z1①	黍	FX2016LWL-14	Poaceae	*Panicum miliaceum*	1	√	圆头，有爆裂迹象
		未定种子F	FX2016LWL-14	Undet	Undet	1	√	球形，表面无纹，直径约0.5mm
		接骨木属	FX2016LWL-14	Adoxaceae	*Sambucus* sp.	1		接骨木属
		小浆果	FX2016LWL-14	Undet	Undet	2		现生浆果果皮
		螺壳	FX2016LWL-14	Undet	Undet	5		螺壳
	燎祭②	酢浆草	FX2016LWL-25	Oxalidaceae	*Oxalis corniculata*	1		酢浆草
		苋科	FX2016LWL-25	Amaranthaceae	Undet	1		苋科
		牡荆	FX2016LWL-25	Lamiaceae	*Vitex negundo*	1		现生牡荆果实
		未定种子G	FX2016LWL-25	Undet	Undet	1		棕红色，似为小坚果，一面平，一面隆起，平面近圆角三角形，边缘平似翅，顶部似有断裂，翅边长约2.7mm
		小浆果	FX2016LWL-25	Undet	Undet	9		现生小浆果果皮
		昆虫	FX2016LWL-25	Undet	Undet	3		昆虫
		螺壳	FX2016LWL-25	Undet	Undet	55		螺壳
总计						467		

第五章　寺庙遗存

第一节　唐宋遗存

一、概述

唐宋时期的遗存都发现在山腰台地。具体有 T0103 ⑧ ~ ⑩层以及开口于⑨层下的 F4、D2、D3，开口于 T0202 ②层下的 H6，T0203 ③ ~ ⑤层，T0204 ③ A、③ B、③ C、④层，T0205 ③、④层，T0302 ④层，T0303 ③层以及开口于其下的 F2、H9，T0304 ④、T0305 ④层，T0402 ④、⑤层，T0502 ④ ~ ⑥层以及开口于④层下的 H21、Q3，开口于⑤层下的 F3，开口 TG1 ③层下的 F5。

出土遗物主要有陶器、釉陶器、瓷器、石器、铜器、铁器等。

二、遗迹

发现房址 3 座、灰坑 3 个、柱洞 2 个、石墙 1 道（图五二）。

1. 房址　3 座。

F3

位置：位于 T0502 大部及 T0402 东南部。

地层关系：T0502 ⑤—F3 →⑥、⑦，西部被 H21 打破。距地表深 75~95 厘米。

形制：暴露部分平面呈较规则长方形，东北—西南向（30°~210°）。南北残长约 620、东西残宽约 400、残高约 8~20 厘米。其余部分延伸出 T0502 北、东、南壁外（图五三；彩版一九）。

房子损毁严重，仅残存部分地面、柱础和"金边"。

因地势塌陷，地面东北略高，西南略低，高差 10 厘米。地面用大小不一的砂岩石板平铺而成，石板均已开裂，单块石板长约 60~76、宽 40~52、厚约 8~10 厘米。地面石板西、南两面均于探方内缺失不存，现残存地面面积约 5.5 平方米。

发现柱础石 1 块，位于房址中部，柱础石平面呈方形，边长 50、厚 20 厘米。柱础石东、南两侧面向下 10 厘米处，略微向外凸。

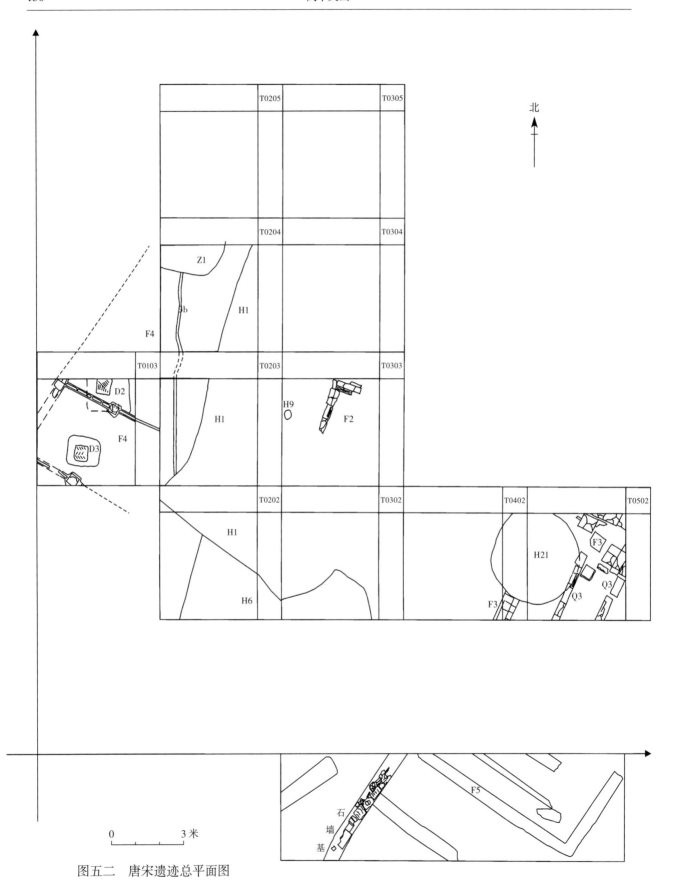

北

| T0205 | T0305 |
| T0204 | T0304 |

Z1

b

H1

F4

| T0103 | T0203 | T0303 |

D2

H9

F2

F4

D3

| T0202 | T0302 | T0402 | T0502 |

H1

H6

H21

F3

Q3

F3

Q3

0   3米

F5

石墙基

图五二　唐宋遗迹总平面图

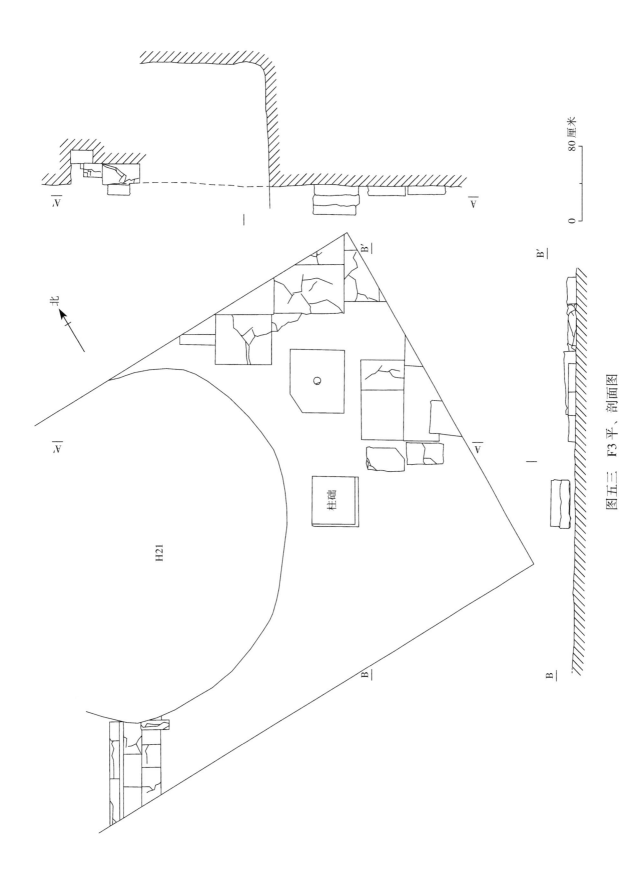

北

柱础

H21

图五三　F3 平、剖面图

0　　80 厘米

残存"金边"位于 T0402 东南部，北部被 H21 打破，南部延伸至探方南壁外。"金边"南北残长约 80~120、东西宽 54、深 36 厘米。"金边"内由大小相近的石板垒砌而成，呈叠涩状从上向下。第一层宽 34、厚 18 厘米，第二层宽 26、厚 14 厘米，第三层宽 14、厚 14 厘米。"金边"内填土为沙黏土，质较硬、致密，土色深灰色，无包含物。

出土遗物：无。

F4

位置：位于 T0103 中部。

地层关系：⑨—F4→⑩。

形制：暴露部分平面呈较规则长方形，方向 115°，残存地面、基槽、柱础石。东西残长约 360、南北残宽约 350、残高约 14~32 厘米（图五四；彩版二〇，1）。

地面东高西低，东部较平、西部呈坡状，东西高差最大约 60 厘米，推测为地势塌陷造成。分布范围为 T0103 ⑩层、T0203 ⑤层。填土为沙黏土，质稍硬、较致密，土色深黄色。厚约 10~15 厘米。

基槽打破地面，再于基槽内立砌石板与柱础。基槽东西残长约 360、南北残宽约 350、深 16 厘米。基槽内由大小相近的石板立砌，石板长约 16~50、宽 20~40、厚 6 厘米。

柱础石 3 处。北壁柱础石位于基槽内，基槽宽 48~60、深 16 厘米。柱础石平面呈方形，边长 40、厚 20 厘米。向南、朝向探方内一侧呈圆弧状，厚 10 厘米。南壁柱础石位于基槽内，基槽宽约 50、深 16 厘米。柱础石平面呈方形，边长 40、厚 20 厘米。向北、朝向探方内一侧呈圆弧状，厚 10 厘米。西壁柱础石位于基槽内，基槽宽 44、深 16 厘米。柱础石平面呈长方形，边长 32~36、厚 20 厘米。

发现柱洞 1 处，位于 F4 东部，口径 26、底径 18、深 46 厘米，靠近开口处东北侧有 1 小块石板立砌，石板长 20、宽 4、厚 16 厘米。柱洞内填土为沙黏土，质稍硬、较致密，土色深灰色，无包含物。

出土遗物：无。

F5

位置：位于 TG1，基本遍布整个探沟。

地层关系：③—F5→④。

形制：由于发掘面积所限，平面形状不明。暴露部分为石墙基 1 道（Q4），夯（？）土墙体 6 道。其中，石墙基与 2 道墙体呈东北—西南走向，4 道墙体呈西北—东南走向，墙基与部分墙体垂直相交。夯土墙厚约 10~55 厘米。东北—西南走向的墙基与墙体最宽相距约 700 厘米，西北—东南走向的墙体间距 100~200 厘米（见图五二；彩版二〇，2）。

填土与包含物：填土厚 15~20 厘米。为黄褐色沙黏土，质较硬、致密。包含少量植物根系、碎砂石和陶片。出土陶片以素面灰陶为主。

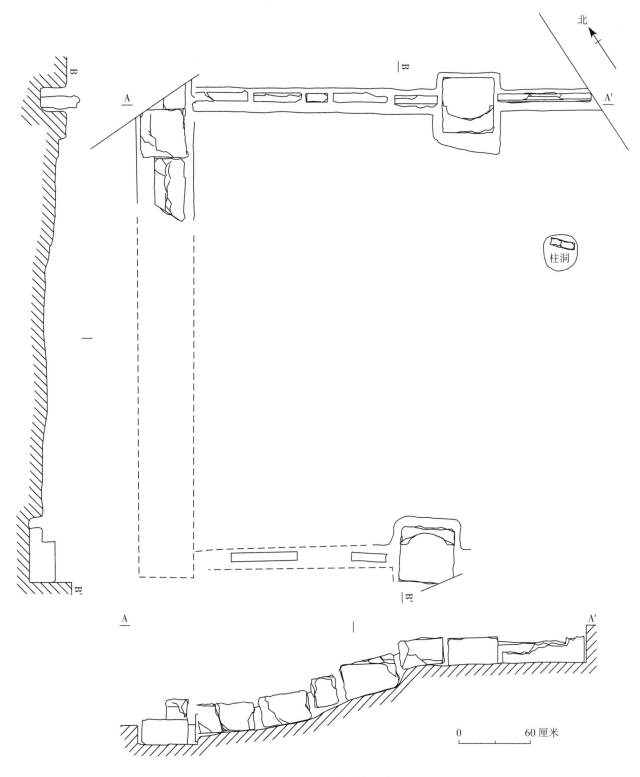

北

柱洞

0　　　　60厘米

图五四　F4平、剖面图

2. 灰坑 3个。

H6

位置：位于 T0202、T0302 南部。

地层关系：T0202 ②—H6 → ③，T0302 ③—H6 → ④，被 H1 打破。

形制：暴露部分坑口平面略呈不规则四边形，斜弧壁，底略弧且凹凸不平，坑壁、底无加工痕迹。口径约 350~780、深约 120 厘米（图五五）。

填土与包含物：内填灰黄色土，质较硬、较疏松，包含较多陶片、瓷片、开元通宝、石碎粒等。

出土遗物：出土陶器、釉陶器、瓷器共 29 件，另有铜钱 2 件。

（1）陶器，共 11 件。参与排队 9 件，挑选标本 5 件。

缸 3件。

标本 H6：12，灰陶。素面。口微侈，圆厚唇，上腹近直，残。轮制，火候较高。口径 42.6、残高 4 厘米（图五六，1）。

罐 1件。A型。

标本 H6：17，夹砂红陶。上腹立耳下施凹弦纹 1 道，器表残留灰黄色化妆土（？）。侈口，卷沿，圆唇，鼓腹，上腹附加对称 2 横耳，残。轮制，火候较高。口径 12、残高 7.4 厘米（图

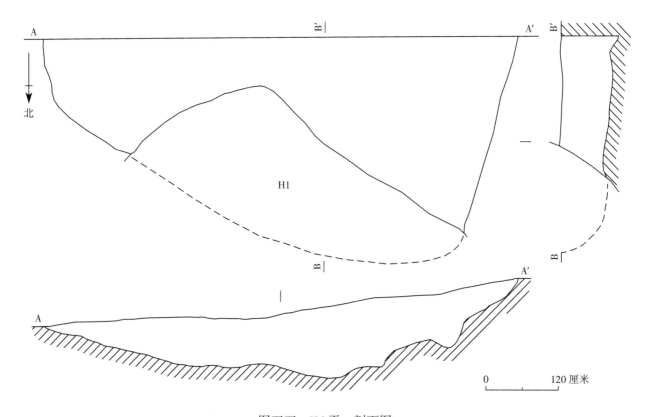

图五五 H6 平、剖面图

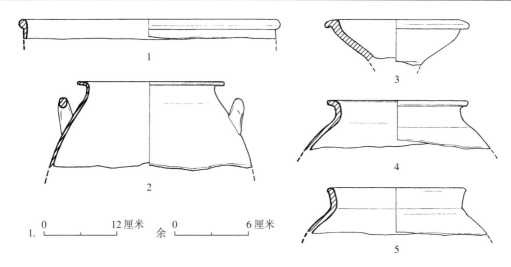

图五六　H6出土陶器、釉陶器

1. 陶缸（H6：12）　2. A型陶罐（H6：17）　3. 陶碗（H6：19）　4. 卷沿釉陶罐（H6：18）　5. 高领釉陶罐（H6：16）

五六，2）。

碗　1件。

标本H6：19，泥质灰陶。素面。敞口，卷沿微外下卷，圆唇，弧腹，残。轮制，火候较高。口径12、残高4.1厘米（图五六，3）。

（2）釉陶器，共17件。

卷沿罐　1件。

标本H6：18，泥质灰陶，器表施豆青釉，局部深褐色。素面。侈口，卷沿，圆唇，矮束领，溜肩，残。轮制，火候较高。口径11.6、残高4.7厘米（图五六，4）。

敛口罐　2件。A型。标本碎小。

高领罐　1件。

标本H6：16，泥质红褐陶，施酱黄色釉。素面，器表多见泥条盘筑痕。侈口，圆唇，领微外斜，溜肩，残。轮制，火候较高。口径11.6、残高4.3厘米（图五六，5）。

盘口壶　2件。

标本H6：29，泥质灰陶，器表施酱釉。素面。盘口，圆唇，盘沿上折，束颈，残。轮制，火候较高。口径7.6、残高2.7厘米（彩版二一，1）。

碗　11件，其中底部4件。

A型　4件。标本碎小。

B型　3件。标本碎小。

（3）瓷器，仅1件。

碗底

标本H6：36，灰白色胎，施豆青釉、略泛黄。残存玉璧底，肉、好约等宽。轮制，火候高。

底径 6.5、残高 2.6 厘米（彩版二一，2）。

（4）铜器 2 件。

全为开元通宝铜钱。

标本 H6：1、3，青铜，锈蚀严重，钱文依稀可辨为"开元通宝"。

H21

位置：位于 T0502 西部和 T0402 东部，局部压在北隔梁下。

地层关系：T0502 ④—H21→⑤。坑口距地表深 85~90 厘米。

形制：坑口平面呈较规则圆形，直壁，略弧底，未发现加工痕迹。暴露口径东西长 366、南北宽 334 厘米，坑底长 324~356、深 116~158 厘米（图五七）。

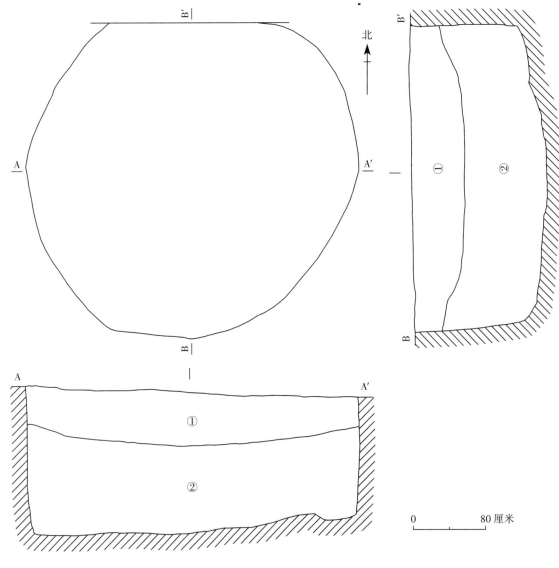

图五七 H21 平、剖面图

填土与包含物：填土分 2 层。

第①层：厚 30~60 厘米，黄灰褐色沙黏土，质稍硬、较致密，包含较多炭粒、烧土块、铜炉渣。

第②层：厚 90~100 厘米，青灰色沙土，质稍软、较疏松，包含少量红色烧砖、零星砂岩石颗粒、炭粒等。

出土遗物：出土青灰泥质菱形纹陶砖 1 块、铜钱 3 枚，另出土铜炉渣、铜残片等。

陶砖　1 件。

标本 H21：1，灰陶。侧边施菱形和圆圈纹。平面呈长方形，略残。模制，火候稍高。长42.7、宽 25.2、厚 10 厘米（彩版二一，3）。

铜钱　3 枚。

标本 H21：2，青铜，锈蚀，钱上下部外郭内应装饰对称 4 个稍大圆穿孔；钱左右外郭内应装饰对称 2 个稍小圆穿孔；穿角旁应装饰4 个稍小圆穿孔。方孔圆钱，残存一半，外郭宽 0.3 厘米，钱中心有方穿内郭，内郭宽 0.1 厘米；正面可见两字钱文，可依稀辨为"□宁□宝"（可能为"崇宁通宝"），钱背素面。范制。直径 3.9、穿径 0.8、厚 0.2 厘米（图五八）。

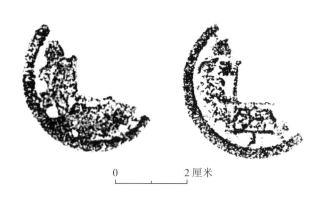

0 _____ 2 厘米

图五八　H21 出土铜钱（H21：2）

3. 柱洞　2 个。

D2

位置：位于 T0103 北部，部分压在北隔梁下。

地层关系：⑨—D2→⑪。洞口距地表深 125~140 厘米。

形制：洞口平面呈较规则圆角长方形，口部东高西低，高差 34 厘米。洞壁斜弧，斜平底，东高西低，高差 10 厘米。无加工痕迹。在柱洞底部发现柱础石 1 块，位于柱洞中部，呈方形，部分延伸至北隔梁内，长约 60、厚 20~30 厘米。洞口长 122~176、洞底长 64~86、深 68~82 厘米（图五九；彩版二二，1）。

填土与包含物：内填黄灰色沙土，质较软、较疏松。较纯净，无包含物。

D3

位置：位于 T0103 西南部。

地层关系：⑨—D3→⑫。洞口距地表深 135 厘米。

形制：洞口平面呈较规则圆角长方形，口部西高东低，高差 10 厘米。洞壁斜弧，平底，北部较南部略低，无加工痕迹。在柱洞底中部发现方形柱础石 1 块，长约 54~58、厚约 32 厘米。洞口长 132、宽 90~100 厘米，洞底长约 60、深 44~50 厘米（图六〇；彩版二二，2）。

填土与包含物：内填黄灰色沙土，质较软、较疏松。较纯净，无包含物。

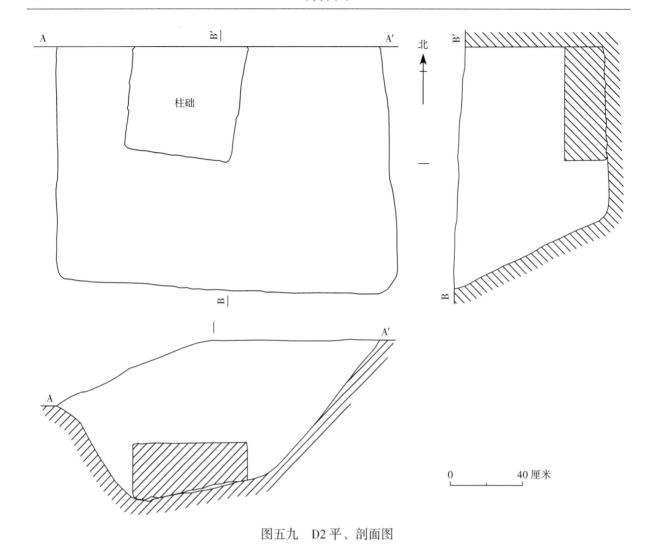

图五九　D2 平、剖面图

4. **墙** 1 道。

Q3

位置：位于 T0502 东南部。

地层关系：④—Q3→⑤。距现有地表深 40~67 厘米。

形制：Q3 由两段东北—西南向平行的墙基组成，残存墙基为大小不一的砂岩石块、石板直接于地面上垒砌而成，现仅存 1 层，未发现基槽。平面呈"一"字形，墙基两端延伸至探方东、南壁中部（图六一）。

东侧墙基由石板平铺而成，两端延伸至探方东、南壁中，暴露部分长 214~280、宽 30~40、厚 14~34 厘米。

西侧墙基距东侧墙基 128 厘米，南段延伸至探方南壁中。先用宽 34、厚 12 厘米石板平铺 1 层，再于石板东侧边沿立砌 1 排薄石板，立砌石板残损严重，仅余中部 1 块，立砌薄石板厚 8、高 18 厘米。暴露部分长 254~270、宽 34、厚 12~28 厘米。

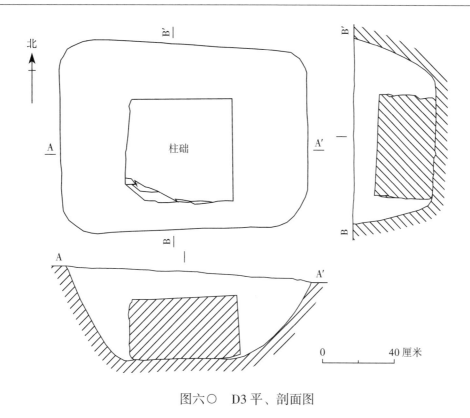

图六〇 D3 平、剖面图

填土与包含物：墙基周围由地层堆积掩埋，沙黏土，含大量瓦片，应为废弃后堆积。

三、出土遗物

1. 陶器

出土约 30 余件，日用器较少，仅 7 件，余为砖、瓦及其他建筑构件等。

缸 2 件。残存底部。

标本 T0103 ⑨：7，夹砂灰陶。素面。下腹斜内收，厚胎，平底，残。轮制，火候高。底径 31、残高 4.6 厘米（图六二，1）。

罐 2 件。B 型。无沿。标本碎小。

盆 2 件。标本碎小。

砚 1 件。

标本 T0103 ⑨：4，夹砂灰陶。素面。平面长方形，可见砚缘、砚池、墨堂。砚缘分布于左右两侧和上侧，宽 0.8~1.3 厘米；砚池位于砚面下侧，呈水滴状凹陷，直径 7~8.6、深 1.5 厘米；墨堂位于砚面上侧，呈簸箕状，长 8、宽 8.2、最深 1.2 厘米。残，制坯后手工修整而成，火候较高。长 20.8、残宽 13、高 4.2 厘米（图六二，2；彩版二一，4）。

砖 1 件。

标本 T0305 ④：2，夹砂灰陶，泛黄。素面。长方形，略残。模制，火候稍高。长 32.2、宽

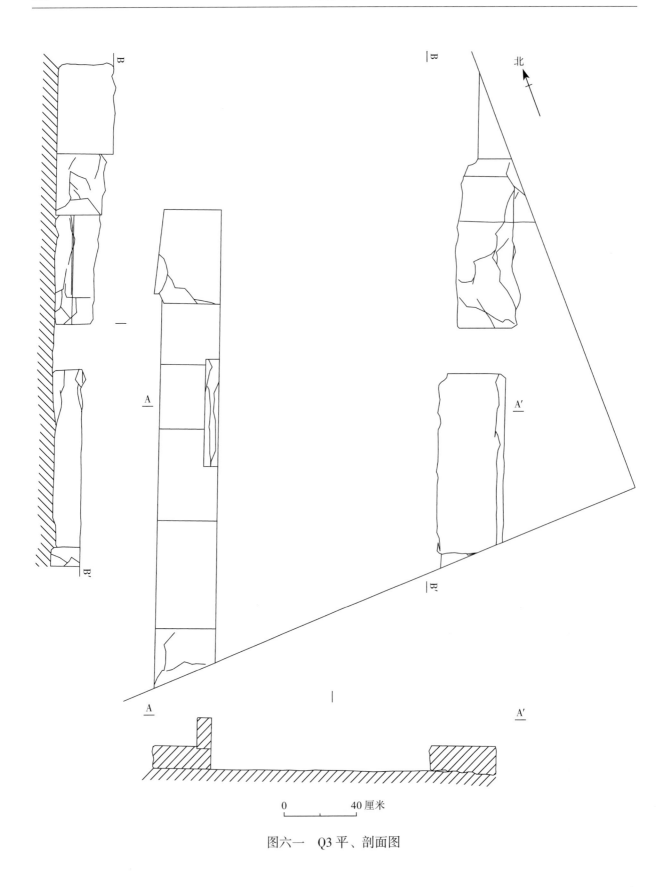

图六一　Q3平、剖面图

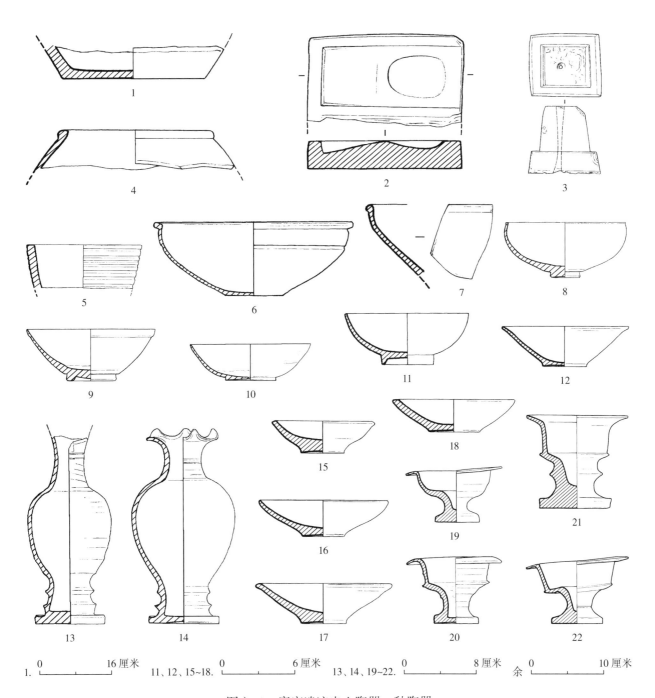

图六二　唐宋遗迹出土陶器、釉陶器

1. 陶缸（T0103⑨：7）　2. 陶砚（T0103⑨：4）　3. 陶构件（T0203④：1）　4. A 型敛口釉陶罐（T0303③：4）　5. 斜腹釉陶罐（T0103⑨：9）　6. A 型釉陶盆（T0402④：43）　7. B 型釉陶盆（T0303③：3）　8. A 型釉陶碗（T0204③B：2）　9~12. B 型釉陶碗（T0103⑧：2，T0402④：2、3、12）　13、14. 釉陶瓶（T0103⑧：1，T0402④：41）　15、16. A 型釉陶盏（T0402④：4、7）　17、18. B 型釉陶盏（T0402④：5、6）　19~22. 釉陶灯（T0402④：8~11）

16.6、厚 6.5 厘米（彩版二三，1）。

板瓦　7 件。标本碎小。

筒瓦　6 件。标本碎小。

瓦当　5 件。全为莲花纹。

标本 T0204③B：1，夹砂灰黄陶，红胎。当面模印莲花纹，背面正中可见按压指印以及与筒瓦拼接痕迹。瓦当呈圆形，边缘宽平，侧面圆滑；内饰凸起 8 瓣莲花花瓣纹，莲瓣呈椭圆形，莲瓣间有凸起似"T"形纹相隔；当心有一内圆，形似莲蓬，内圆内呈半圆形凸起，四周饰 1 圈小圆点，残。分制，火候稍低。直径 15.2~15.5、壁厚 1.3~3.7 厘米（彩版二三，2）。

滴水　1 件。

标本 TG1③，碎小。

构件　1 件。

标本 T0203④：1，夹砂灰黑陶。素面。整体略呈四棱柱凸字形，由上部略呈梯形的四棱柱和下部也略呈梯形的四棱底座组成，正中心有一直径 1 厘米的圆形穿贯通整器，残。模制。底座长 8~9.4、顶部长 5~5.5、残高 9.3 厘米（图六二，3）。

2. 釉陶器

出土 56 件。全为日用器。

缸　4 件，其中底 1 件。

A 型　1 件。敞口。

标本 T0205③，碎小。

B 型　2 件。敛口。标本碎小。

瓮　1 件。

标本 T0304④：2，夹砂灰胎，器表施酱黄釉。素面。敞口，卷沿、沿上翘，圆唇，残。轮制，火候较高。口径 22、残高 6 厘米（彩版二三，3）。

敛口罐　7 件。

A 型　6 件。无沿。

标本 T0303③：4，夹砂红褐胎，器表施褐釉，多积釉痕。素面。敛口，圆唇，鼓腹，残。轮制，火候较高。口径 20、残高 5.6 厘米（图六二，4）。

B 型　1 件。微有沿。

标本 T0204③A：9，夹砂红褐胎，器表施豆黄釉，内壁施豆青釉。素面。敛口，微卷沿，圆唇，鼓腹，残。轮制，火候较高。口径 15、残高 4.1 厘米（彩版二三，4）。

斜腹罐　1 件。

标本 T0103⑨：9，夹砂灰陶胎，通体施青釉。腹饰多道凹弦纹。口微敞，方唇，腹较斜直内收，残。轮制，火候高。口径 16、残高 6 厘米（图六二，5）。

罐底　3件。标本碎小。

盆　4件。

A 型　2件。折沿。

标本 T0402 ④：43，夹砂红褐胎，口沿至上腹施酱黄釉，下腹至底露胎。腹施凹弦纹 1 道。侈口，斜折沿，圆唇，上腹弧，下腹斜收至平底，修复。轮制，火候高。口径 27、底径 8、高 10 厘米（图六二，6；彩版二四，1）。

B 型　2件。卷沿。

标本 T0303 ③：3，夹砂红褐胎，上腹施酱黄釉，下腹至底露胎。素面。口近直，微有卷沿，下腹斜内收，残。轮制，火候较高。残宽 9、残高 10.8 厘米（图六二，7）。

碗　18件，其中底 4件。

A 型　8件。敛口。

标本 T0204 ③ B：2，夹粗砂灰陶胎，上腹施酱黄釉，下腹至底露胎。素面。方唇，上腹微鼓、下腹弧内收，小假圈足，足心内凹，足缘外削，修复。轮制，火候高。口径 16.4、足径 4、高 7.4 厘米（图六二，8；彩版二四，2）。

B 型　6件。敞口。

标本 T0103 ⑧：2，夹砂红褐胎，器表施深褐釉、近黑色，下腹至圈足及内底一周露胎。素面。圆唇，弧腹内收，圈足外撇，足缘外削，足心微外鼓，修复。轮制，火候高。口径 17.6、足径 6.5、高 7 厘米（图六二，9；彩版二四，3）。

标本 T0402 ④：2，夹砂红褐胎，器表施豆青釉、泛黄，下腹至足露胎，内底残存三个支钉痕。素面。圆唇，弧腹内收，假圈足、足心内凹，修复。轮制，火候高。口径 16.2、足径 7、高 5 厘米（图六二，10；彩版二四，4）。

标本 T0402 ④：3，夹砂红褐胎，器表施豆青釉、泛褐，部分下腹至足及内底一周露胎。素面。圆唇，弧腹，圈足，足缘较直，修复。轮制，火候高。口径 10、足径 4.4、高 4 厘米（图六二，11；彩版二四，5）。

标本 T0402 ④：12，夹砂灰陶胎，器表施浅酱釉，下腹至足露胎。素面。圆唇，斜腹微弧内收，微有矮圈足，修复。轮制，火候高。口径 10.4、足径 3.6、高 3.2 厘米（图六二，12；彩版二四，6）。

瓶　3件。

标本 T0103 ⑧：1，夹砂红褐胎，器表施豆青釉，下腹至足露胎。颈施凹弦纹 2 道，下腹凸棱 2 道。高细束颈，溜肩，鼓上腹、下腹内束，假圈足，底平，残。轮制，火候高。足径 7.6、残高 20 厘米（图六二，13；彩版二五，1）。

标本 T0402 ④：41，夹砂红褐胎，器表施豆青釉、泛褐，下腹至足露胎。颈、肩部施凹弦纹 5 道，下腹凸棱 2 道。荷叶边形口，短束颈，溜肩，鼓上腹、下腹内束，假圈足、底微内凹，修复。

轮制，火候高。口径 7.8、足径 7.6、高 20.8 厘米（图六二，14；彩版二五，2）。

盏　11 件，其中盏底 1 件。

A 型　4 件。圆唇。

标本 T0402④：4，夹砂黑陶胎，器表施豆黄釉，腹至底露胎。素面。敞口，微有沿，腹微弧急收至假圈足，足心微凹，修复。轮制，火候高。口径 8.4、足径 3.8、高 2.8 厘米（图六二，15；彩版二五，3）。

标本 T0402④：7，夹砂灰陶胎，口施酱黄釉，下腹至底露胎。素面。敞口，弧腹急收至假圈足，足心微凹，修复。轮制，火候高。口径 10.5、足径 3.5、高 3 厘米（图六二，16；彩版二五，4）。

B 型　6 件。方唇。

标本 T0402④：5，夹砂褐陶胎，口施豆黄釉，下腹至底露胎。素面。敞口，腹微鼓，假圈足、足心微凹，修复。轮制，火候高。口径 11、足径 3.8、高 3.4 厘米（图六二，17；彩版二五，5）。

标本 T0402④：6，夹砂灰陶胎，施酱黄釉，腹至底露胎。素面。敞口，腹微弧急收至假圈足，足心微凹，修复。轮制，火候高。口径 10、足径 4、高 2.6 厘米（图六二，18；彩版二五，6）。

灯　4 件。

标本 T0402④：8，夹砂灰陶胎，卷沿与外壁施酱黄釉，柄部大部分脱落，足露胎。素面。似豆形，敞口，卷沿，圆唇，盘部弧内收，矮柄，假圈足，内底下凹，修复。轮制，火候高。口径 10.8、足径 4.8、高 6 厘米（图六二，19；彩版二六，1）。

标本 T0402④：9，夹砂灰陶胎，红褐色陶衣，口沿施酱黄釉，局部泛褐。腹、柄部施凸弦纹，盘下缘有扉棱 1 道。豆形，敞口，卷沿外下翻，圆唇，盘腹较斜直，矮柄内束，假圈足，足心内凹，修复。轮制，火候高。口径 10.7、足径 5、高 7.3 厘米（图六二，20；彩版二六，2）。

标本 T0402④：10，夹砂灰陶胎，器表施酱黄釉。盘下缘与柄中部各有凸棱 1 道。敞口，斜折沿，圆唇，盘腹较直，竹节状矮柄，假圈足、底平，修复。轮制，火候高。口径 11、足径 7.6、高 10.2 厘米（图六二，21；彩版二六，3）。

标本 T0402④：11，夹砂红褐胎，灰黄色陶衣，器表施酱釉，局部泛黄，柄、足露胎。盘下缘有凸棱 1 道，柄施凹弦纹 1 周。敞口，折沿近平，圆唇，盘腹斜直，矮柄内束，假圈足、底平，修复。轮制，火候高。口径 10.7、足径 5、高 7.3 厘米（图六二，22；彩版二六，4）。

3. 瓷器

出土数量很少，仅 10 件。

盂　1 件。

标本 T0205③：12，灰胎，质较粗疏，器表施青釉，多开碎片。下腹施凹弦纹 1 道。敞口，圆唇，残。轮制，火候高。残宽 3、残高 2 厘米（彩版二六，5）。

碗　8 件。1 件为碗底。

A 型　2 件。无沿。

Aa 型　1 件。

标本 T0103 ⑧，碎小。

Ab 型　1 件。

标本 T0402 ④：22，灰胎，质细、硬，器表施青釉。内壁饰印花。敞口，圆唇，弧腹，残。耀州窑，轮制，火候高。残宽 9.6、残高 3.7 厘米（彩版二六，6）。

B 型　5 件。有沿。

标本 T0402 ④：24，灰胎，质细、硬，器表施青釉。内壁饰印花。敞口，卷沿，圆唇，弧腹，残。耀州窑，轮制，火候高。残宽 3.9、残高 4.5 厘米（彩版二七，1）。

瓶（？）　1 件。

标本 T0402 ④：30，灰胎，质细、硬，器表施青釉。器表饰剔刻菊瓣纹与连弧纹叶片（？）。残存瓶腹。轮制，火候高。残宽 8.6、残高 7.4 厘米（彩版二七，2）。

4. 石器

出土数量很少，仅构件（？）、造像两类。

构件（？）　2 件。

标本 T0103 ⑨：1，灰砂岩，质较粗疏。正面上中部有一半圆形凹槽，中、下部 1 周阴刻线。长方形扁平石板，残。手制。长 25.4、宽 21、厚 4.4 厘米（图六三，1；彩版二七，5）。

造像　2 件。

标本 T0103 ⑨：2，灰砂岩，质较粗疏。残存底座略呈圆角柱状。正面上部浮雕覆莲纹，中部花卉、宝瓶纹，残。圆雕。宽 13.2、厚 10.5、残高 15.2 厘米（图六三，2；彩版二七，4）。

标本 T0103 ⑨：3，灰砂岩，质较粗疏。残存造像略呈扁柱状，正面上部残存浮雕立于圆台上被裙衫覆盖的穿鞋双足。中部浮雕折枝花卉包裹瑞兽，且枝叶、花朵、果实向上包围立足小石台；花卉下方中间浮雕蹲坐瑞兽一只，面残，身圆，可见四爪，每爪可见四趾；花卉、瑞兽下为素面圆形底座。圆雕。宽 22、厚 14.8、残高 32.6 厘米（图六三，3；彩版二七，3）。

5. 铜器

出土数量极少，仅筷、铜钱两类。

筷　1 件。

标本 T0302 ④：1，青铜，锈蚀。圆锥柱状，残。模制。直径 0.1~0.4、残长 14.8 厘米（彩版二七，6）。

铜钱　2 枚。

开元通宝　1 枚。

标本 T0402 ⑤：1，青铜，锈蚀。方孔圆钱，外郭宽 0.17 厘米，钱中心有方穿内郭，内郭宽约 0.07 厘米。对书钱文"开元通宝"四字，"开"字内部作"井"状，"元"字上横较短、下横左挑，"通"字走之前三笔各不相连呈三撇状，"宝"字下"贝"部内为两横，不与左右两竖笔相连。钱背素面。

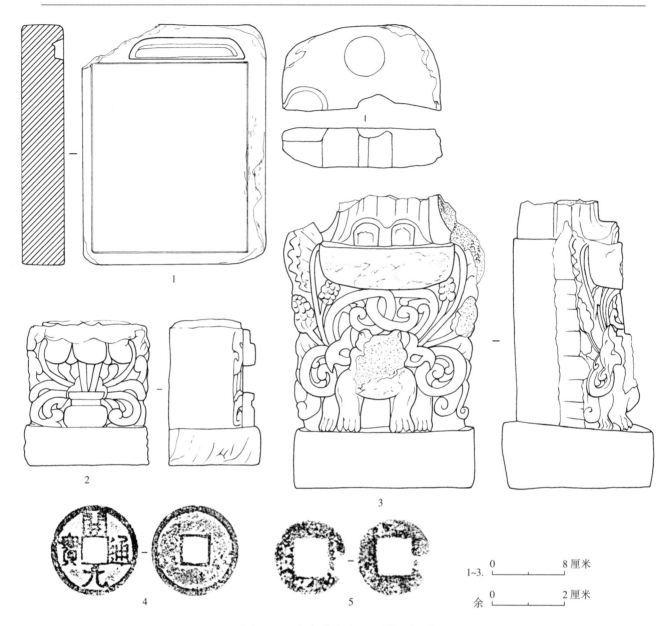

图六三　唐宋遗迹出土石器、铜器

1. 石构件（？）（T0103⑨：1）　2、3. 石造像（T0103⑨：2、3）　4. 开元通宝（T0402⑤：1）　5. 铜钱（T0305④：1）

范制。直径 2.4、穿径 0.7、厚 0.2 厘米，重 4 克（图六三，4）。总体看，应为唐早期开元通宝。

铜钱　1 枚。

标本 T0305④：1，青铜，锈蚀严重。方孔圆钱，无外郭，内郭模糊不清，钱文不辨，极薄，残。范制。直径 2.02、穿径 0.9、厚 0.05 厘米（图六三，5）。

6. 铁器

出土数量极少，多为不能辨认器形、锈蚀极严重的碎锈铁块，可辨器物仅有凿、锁与残铁钉。

凿　1 件。

标本 T0204③B：5，锈蚀严重。凿身竖直细长，头部有方形孔，截面呈方形，偏锋弧刃，较完整。范制。长 16.2 厘米（彩版二七，8）。

锁　2 件。

标本 T0502④：1，锈蚀严重。略呈长方形，可见一侧锁头与部分锁梁，残。模制。残长 10、残宽 3.4、厚 1.2 厘米（彩版二七，7）。

第二节　明清遗存

一、概述

明清时期的遗存在山腰和山顶都有分布，具体有：

山腰阶地 T0103④~⑦层，T0202②层及开口于其下的 H4，T0203②层，T0204②A、②B层及开口于其下的 Z1，T0205②层及开口于其下的 H5、Q1，T0302②、③层及 Q2，T0303②层，T0304③层，T0305③层，T0402②A、②B、③层，T0502②、③层及开口于②层下的 Z2。

山顶台地①层下的 F6。

出土遗物主要有：陶器、釉陶器、瓷器、铜器、铁器等。

二、遗迹

发现有房址 1 座，墙 3 道，灰坑 2 个，灶 2 个。

1. 房址　1 座。

F6

位置：位于山顶发掘区南部。

地层关系：①—F6→②。距地表深约 45~50 厘米。

形制：残存三级石砌台基，应为八角亭一角，用庙宇废弃条石、石板依次内收叠砌。残长 265、残宽 110、残高 40 厘米（图六四；彩版二八，1）。

填土与包含物：堆填厚 0~50 厘米。为灰褐色黏土，质较软、疏松。该层高于周边地表，坡状分布全遗迹。夹杂大量植物根系、碎石、碎瓦等。出土零星泥质灰陶片、夹砂灰陶瓦片、青花瓷片等。可辨器形有碗、盘等，锈蚀严重的铁钉 4 件，残石质功德碑 1 件。

"万善□□"碑

标本 F6：1，灰黄色砂岩，残存约一半。长方形，平顶，两端抹角，长 118、残宽 29~36、厚 5 厘米（图六五）。

碑名"万善□□"，碑文如下：

言创修寺院者其善甚大培补庙宇者其功匪浅如本境灵山寺者孤峰特立询乎阆苑仙源实为我境

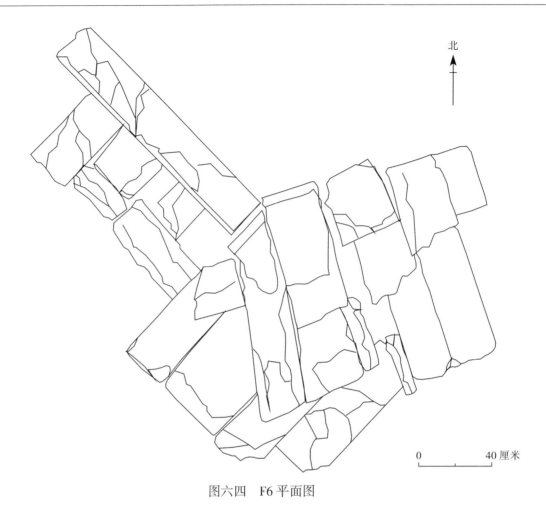

北

0　　　　　　40 厘米

图六四　F6 平面图

之保障亦足以动行人之观瞻登跻其间美哉佳景多多益善乐而忘反现有棋盘古迹顶有清泉不干遥看
郡城万户俯察东西两川观其岩险四关可筭为首仰其嵯峨五岳亦可以比肩举凡高人逸士熟不仰止赞
叹吟赋诗篇然神恩赫濯菩萨甚多□□黎庶以年丰菽禾素锡士子以发甲登科因龙衡地裥风雨瓢泼天
角参差庙貌萎靡下民弟子眼见不忍伤残之何所以首事鸠颌商同募化以成其浩大功果诸壁辉煌画栋
神圣穿金改容士庶乐捐众性喜从凡施金赏轻重记功兹今告竣竖石勒名以彰后世千秋不朽是为序

　　杨文光　书

　　张国元　刘国君　邓子明　陈承恩　李廷苹

　　张国仁　刘国正　李廷德　温良能　李财元

　　张国兴　刘万镒　李万荣　何万忠　李敬胜

　　刘国泰　刘万富　俗名何万全　　　陈开志

　　（下残）

2. 墙　3 道。

Q1

位置：位于 T0205 西北部，部分压在北隔梁和 T0105 东隔梁下。

地层关系：②—Q1 →④，被 Z1 打破。

形制：平面形状不规则，为一泥墙倒塌堆积，厚 35~50 厘米，在探方内分布长约 300~320、宽 170~220 厘米（图六六）。

填土与包含物：内填黄灰色沙黏土，质稍硬、致密，包含大量碎砂石颗粒。无出土物。

Q2

位置：位于 T0302 东部。

地层关系：H6 → Q2 →④，被 H1、H6 打破。距地表深 85 厘米。

形制：Q2 平面呈"一"字形，东北—西南向（24°~204°），有基槽。残存墙体为大小不一的砂岩石块、碎砖、碎瓦块于基槽内垒砌而成，现仅存 1 层。基槽内石块间填充黄灰色填土。基槽残长 158、宽 26~38、深 0~10 厘米。墙体四周未发现房屋活动面。墙体北高南低，南北高差 10 厘米。墙体残长 158、宽 18~30、残高 10~14 厘米（图六七）。

填土与包含物：墙体石块、碎砖、瓦块缝隙由

图六六　Q1 平、剖面图

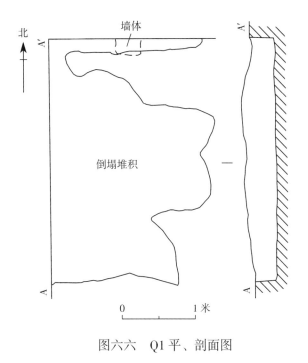

图六五　"万善□□"碑（F6：1）

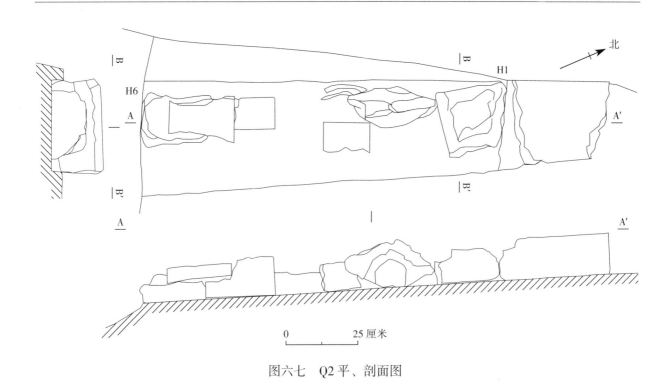

图六七　Q2平、剖面图

沙黏土填充。基槽内填黄灰色沙黏土，质较硬、致密。出土零星碎陶片，可辨泥质青色素面碎瓦、泥质素面灰陶碎片。

3. 灰坑　2个。

H4

位置：位于T0202西部，部分压在T0102东隔梁下。

地层关系：②—H4→③。

形制：整体呈袋形，坑口平面呈不规则圆形，口部明显。坑壁外弧，平底，无加工痕迹。口径100~110、深95~110厘米（图六八；彩版二八，2）。

填土与包含物：坑内填土可分2层。

第①层：厚44~70厘米，为黄褐色沙黏土，质较硬、较致密。包含少量素面泥质褐陶碎片、铁钉、骨粒、炭粒、石灰等。

第②层：厚36~38厘米，为灰黄色沙黏土，质较软、较疏松。无出土物。

H5

位置：位于T0205东北部，大部分在东隔梁内，局部位于T0305西北部。

地层关系：②—H5→③。

形制：整体略呈袋形，坑口平面略呈圆形。壁略外弧，底部较平，无加工痕迹。口径130~150、腹径140~160、底径120~130、深90~92厘米（图六九）。

填土与包含物：内填灰褐色沙黏土，质较软、疏松。包含少量碎陶片、釉陶片、烧土粒和石块。

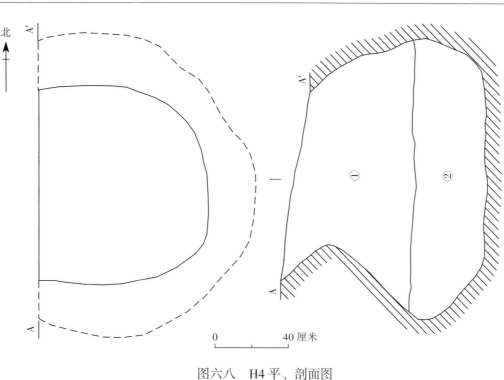

北

0　　　　40 厘米

图六八　H4 平、剖面图

可辨器物种类为釉陶罐、缸、碗等。

罐　1 件。

标本 H5：1，红褐胎，腹施青釉，多流痕，下腹至假圈足露胎。素面，多泥条盘筑痕。鼓腹，假圈足、底平，残。轮制，火候高。足径 14.5、残高 16.3 厘米（图七〇）。

缸　1 件。

标本 H5：3，夹砂红褐胎，施深酱釉。器表多粗凹弦纹。口微敛，窄折平沿，厚圆唇，腹近直，残。轮制，火候高。残宽 9.4、残高 15.5 厘米（彩版三〇，1）。

碗　1 件。

标本 H5：2，夹砂红褐胎，施酱釉，器表外下腹至底、内底一周露胎。素面。下腹弧收，圈足、稍高，残。轮制，火候高。足径 6.5、残高 3.4 厘米（彩版三〇，2）。

4. 灶　2 个。

Z1

位置：位于 T0204 西北部，大部分压在北隔梁下，西北部压于②层下，东北部压于③层下，局部位于 T0205 西南部。

地层关系：② B—Z1 →③ A。

形制：灶台方形，灶身近圆形。灶口变形后略呈椭圆形，长径 295、短径 215 厘米，灶身直径 215~270、灶底直径 215~240、高 50~100 厘米。未发现火门、火道、灶箅等，火塘即整个灶坑（图七一；彩版二九，1）。

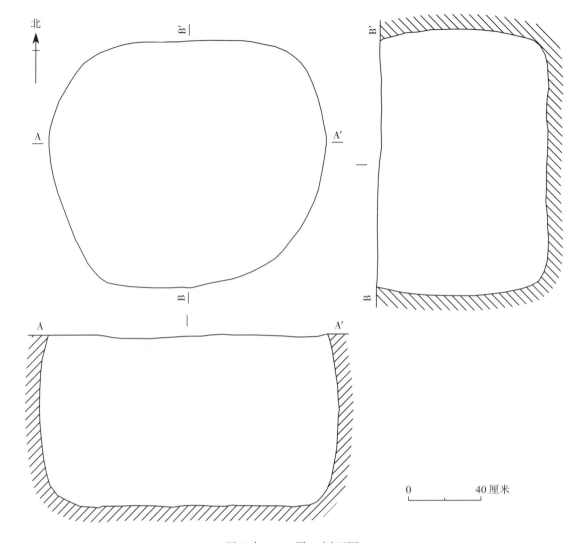

图六九　H5 平、剖面图

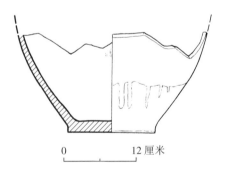

图七〇　H5 出土釉陶罐（H5：1）

灶壁以大方砖堆砌，正南面距灶壁 20 厘米处发现直立放置的板瓦 3 块，用处不明。

填土与包含物：内填黄褐色沙黏土，质稍硬、致密。包含少量碎石和大量烧土粒。

砖　数量较多。

标本 Z1：1，夹砂灰陶，局部深灰、红褐。素面。长方形，残。模制，火候较高。长 32.5、宽 21.4、厚 8.7 厘米（彩版三〇，3）。

筒瓦　3 件。

标本 Z1：2，夹砂灰陶。素面，内壁布纹。筒瓦，瓦舌较短、上翘，完整。模制，火候较高。长 31.7、宽 15.8、厚 1.7 厘米（彩版三〇，4）。

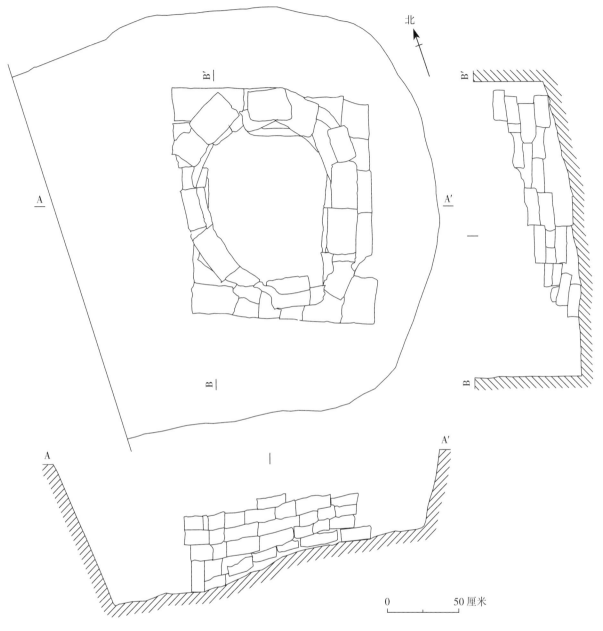

图七一　Z1 平、剖面图

Z2

位置：位于 T0502 西北部和 T0402 东北部及东、北隔梁下。

地层关系：T0502 ②—Z2→③。距地表深 35~40 厘米。

形制：发现 Z2 倒塌堆积和主体结构。

倒塌堆积面积较大，平面略呈椭圆形，斜弧壁，底较平，无加工痕迹。可见大量红色碎砖无规则倒塌，零星碎砂岩石块。长径约 380、短径约 320、厚 34~50 厘米。

倒塌堆积下压 Z2，残损严重，仅存底部部分基础。平面略呈圆角长方形，现存部分大小不

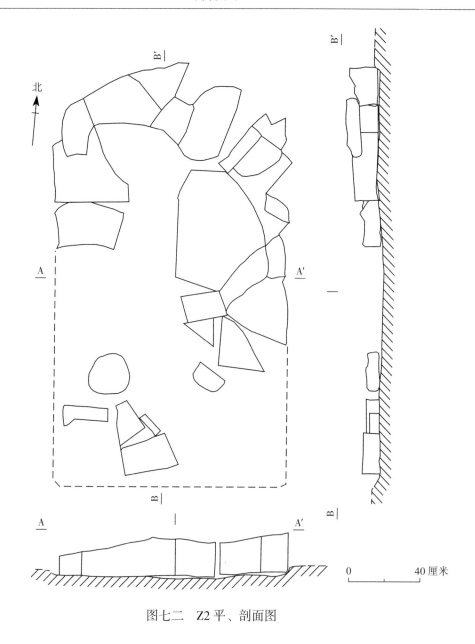

图七二　Z2 平、剖面图

一的碎砂岩石板铺底，应为灶底面；于石板上用红色烧砖错缝平砌成圆形，修砌灶壁，仅残存北部 1 层。推测火塘位于灶中北部，呈圆形，直径约 80 厘米。残长 220、宽 130、残高 14~20 厘米（图七二；彩版二九，2）。

填土与包含物：填土为 Z2 倒塌堆积，厚 34~50 厘米，为红黄褐色沙黏土，质稍硬、较致密。包含大量炭粒、烧土块，少量碎砂岩石块、炉渣。

出土遗物可见灰胎酱釉陶片、罐、陶范等，另出土铜残片等。

三、出土遗物

主要有陶器、釉陶器、瓷器、铜器、铁器等。

1. 陶器

出土数量较少，主要有缸、罐、碗及建筑构件等。

缸　1件。

标本 T0402③：15，夹砂红褐陶。器表施凹弦纹呈瓦棱状。口微敛，圆唇，上腹微外斜，残。轮制，火候较高。口径 33、残高 10.3 厘米（图七三，1）

罐　3件，其中 2 件为罐底。

标本 T0303②：2，夹砂黄褐陶。素面。敛口，圆唇，腹外斜，残。轮制，火候较高。口径 32、残宽 7.5、残高 4.8 厘米（彩版三〇，5）。

碗　1件。

标本 T0502③，碎小。

筒瓦　6件。

标本 T0402③：6，夹砂灰陶。素面，内壁多布纹。整体近半圆柱形，头部有瓦舌，微残。模制，火候稍高。长 30.1、厚 0.7 厘米（彩版三〇，6）

板瓦　1件。

标本 T0205②，碎小。

瓦当　5件。依当面纹饰不同，分两型。

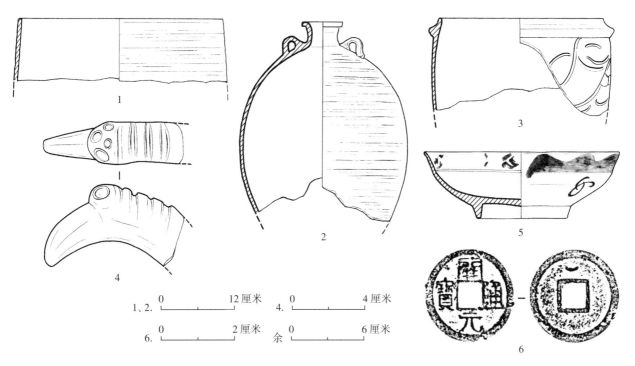

1、2. ⊢————12 厘米　4. ⊢————4 厘米
6. ⊢————2 厘米　余 ⊢————6 厘米

图七三　明清遗迹出土遗物

1. 陶缸（T0402③：15）　2. 卷沿釉陶罐（T0402③：23）　3. 小釉陶罐（T0502③：3）　4. 釉陶构件（T0402③：10）
5. B 型无沿瓷碗（T0202②：1）　6. 开元通宝（T0304③：1）

A 型　2 件。花卉纹。

Aa 型　1 件。莲花纹。

标本 T0402③：2，夹砂灰陶。当面模印莲花纹。残。模制，火候较高。当面直径 14、厚 1.3 厘米（彩版三一，1）。

Ab 型　1 件。非莲花纹。

标本 T0402③，碎小。

B 型　3 件。兽面纹。

标本 T0402③：13，夹砂灰陶。当面模印兽面纹。当面略呈圆形，边沿宽窄不一，高低起伏。沿内饰狰狞的浮雕兽面，周边可见放射状须发，鼻呈"八"字形，中部相连，敦厚圆润，嘴呈扁弧形，嘴角上翘，两端可见向下獠牙，上颚可见 5 颗牙，下颚可见 4 颗牙，牙中可见半月形舌，嘴下饰短须发，残。模制，火候较高。当面直径 14、厚 1.8 厘米（彩版三一，2）。

滴水　3 件。

标本 T0103④：1，夹砂灰黑陶。滴水面浅浮雕兽面纹和卷云纹。滴水面略呈弧背三角形，边缘宽平，宽 0.7 厘米；当心内模印浮雕状兽面纹、勾连云纹；兽面浮雕较高，眼鼻鼓凸，双目圆睁，额上犄角，呈倒三角形，饰线划纹，眼两侧有耳，呈凸出椭圆状，鼻为翻孔式（即鼻下端露出 1 对鼻孔），鼻两侧脸颊呈凸出水滴状，嘴呈扁弧形，嘴角上翘，两端可见向下獠牙，牙中间有舌下垂，舌尖三分，两侧微向上卷，并插入云纹中；下侧云纹，可见 4 朵云头。残。模制，火候较高。长 19.8、壁厚 1.1~1.5 厘米（彩版三一，3）。

标本 T0402③：1，夹砂灰黑陶。正面模印花卉纹。整体略呈倒"凸"字状，上缘下凹，下缘外凸，边缘宽厚，不平，可见模印痕迹，宽约 1~1.5 厘米；内模印花卉 1 朵，呈浮雕状，推测为牡丹，可见 5 瓣肥厚花瓣，花瓣中心靠上位置有一花蕊，花瓣两侧各有一花叶，残。模制，火候较高。长 21.8、壁厚 1.4 厘米（彩版三一，4）。

构件　2 件。

标本 T0402③，碎小。

2. 釉陶器

出土数量较少，主要有缸、罐、盆、碗、灯及建筑构件等。

缸　1 件。

标本 TG1②：4，夹砂红褐胎，器表施茶色釉，多豆黄斑。素面。敛口，平沿，厚圆唇，斜壁近直，残。轮制，火候较高。残宽 7.6、残高 3 厘米（彩版三一，5）。

卷沿罐　1 件。

标本 T0402③：23，夹砂灰黑陶，红胎，残留褐釉痕。器表施凹弦纹。侈口，卷沿，方唇，矮束颈，溜肩，肩上附加对称双桥形耳，鼓腹，残。轮制，火候较高。口径 6.6、残高 31.2 厘米（图七三，2；彩版三一，6）。

无沿罐　2件。

A 型　1件。非子母口。碎小。

B 型　1件。子母口。

标本 T0402 ③，碎小。

小罐　1件。

标本 T0502 ③：3，夹砂灰陶胎，施黑釉。器表阴刻花卉纹。敛子母口，圆唇，腹微鼓，残。轮制，火候较高。口径 14、残高 8 厘米（图七三，3；彩版三二，1）。

盆　1件。

标本 T0205 ②，碎小。

碗　4件。2件碗底。

A 型　2件。圈足。

标本 T0205 ②，碎小。

B 型　2件。假圈足。

标本 T0402 ③，碎小。

灯　1件。

标本 T0402 ③，碎小。

构件　4件。

标本 T0402 ③：8，夹砂红胎，施浅酱釉。花瓣上阴刻花瓣经络。残存构件整体呈花苞形，可见中部为两瓣花瓣呈抱合状，下方为一瓣花瓣呈外翻下坠状；花瓣下方可见已残两瓣花叶。残长 13.9、残宽 10.5、器厚 5.2 厘米（彩版三二，2）

标本 T0402 ③：10，夹砂红胎，施白色化妆土、绿釉。残存部分略呈鸟头形，喙部较短，颈背呈节状，残。手制，火候稍高。残长 7.8 厘米（图七三，4；彩版三二，3）。

3. 瓷器

出土数量较少，主要有碗、杯。

无沿碗　6件。

A 型　5件。圆唇。

标本 T0205 ②，碎小。标本 T0402 ③，碎小。

B 型　1件。方唇。

标本 T0202 ②：1，灰胎，质密，器表施青白釉，圈足与内底一周露胎。釉下施蓝色青花。器表上腹施云纹，腹施篆书"女"字纹，内上腹施戳印纹，其下双圈线纹。敞口，折腹，下腹斜内收，圈足稍高，外壁内斜，修复。土窑，轮制，火候高。口径 16、足径 7.4、高 5.4 厘米（图七三，5；彩版三二，4）。

折沿碗　3件。

标本 T0103 ⑥，碎小。标本 T0402 ② B，碎小。

碗底　7件。圈足。

A 型　1件。内凹较深。

标本 T0205 ②：5，灰白胎，质密，器表施青白釉，圈足与内底外周露胎。釉下外腹施团花纹，内腹、底心施团花，下腹施双圈线纹。弧腹内收，圈足稍高、上厚下薄，底微凹，残。土窑，轮制，火候高。足径 9.6、残高 7 厘米（彩版三二，5）。

B 型　6件。内凹较浅。

标本 T0402 ②，碎小。

杯　1件。

标本 T0103 ⑥：4，灰白胎，质密，施白釉。釉下外沿及腹部各施蓝色单圈线纹，间以蓝色折枝青花，内下腹施双圈线纹。敞口，微外撇，尖圆唇，弧腹，残。轮制，火候高。口径 6.6、残高 2.2 厘米（彩版三二，6）。

4. 铜器

出土数量很少，多为锈蚀严重的残铜块、炉渣等，可辨认的器物只有开元通宝 3 枚。

标本 T0304 ③：1，青铜，锈蚀。方孔圆钱，钱文对读"开元通宝"4 字。外郭宽 0.2 厘米，中心方穿内郭，内郭宽 0.08 厘米；钱背可见月牙形钱纹。范制。直径 2.46、穿径 0.6、厚 0.13 厘米（图七三，6）。

5. 铁器

出土数量很少。有锈蚀严重的残铁块 3 件、铁钉 13 件等。

第三节　近现代遗存

一、概述

近现代遗存分布于山腰阶地和山顶台地中部，具体有：

山腰阶地 T0103 ①～③层，T0202 ①层和开口于其下的 F1，T0203 ①层与开口于其下的 H1，T0204 ① A、① B 层，T0205 ① A、① B 层，T0302 ①层，T0303 ①层，T0304 ①、②层，T0305 ① A、① B、②层与开口于 ① A 层下的 H2、H3，T0402 ①层及开口于其下的 H10，T0502 ①层。

山顶台地①层。

二、遗迹

共发现房址 1 座，灰坑 4 个。

1. 房址　1座。

F1

位置：位于 T0202 西南部。

地层关系：①—F1 →②，H1 → F1 → H6。

形制：残存部分石墙基及散水。东北—西南向墙基 2 道，西北—东南向墙基 1 道，其外发现有石板铺砌的散水。无基槽，房屋内部结构不明。残存边长约 290~300 厘米（图七四；彩版三三，1）。

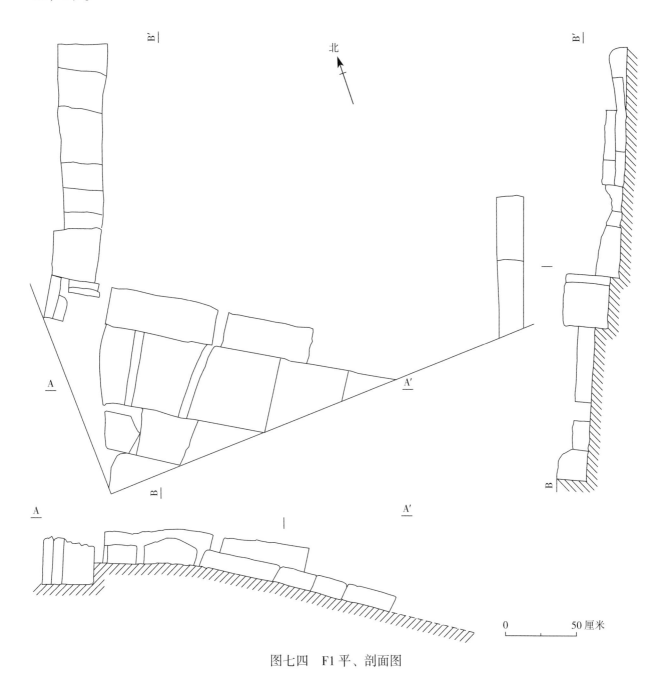

图七四　F1 平、剖面图

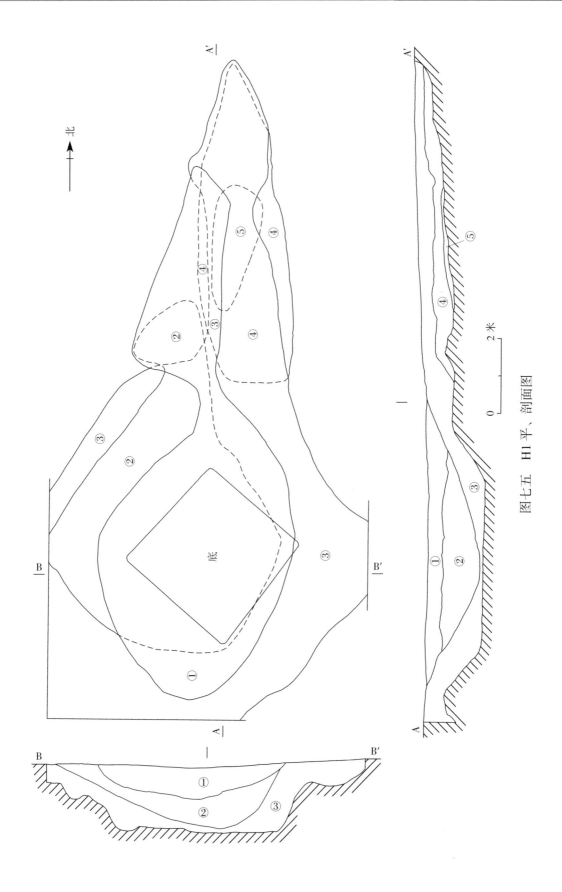

图七五　H1 平、剖面图

填土与包含物：内填灰黑色沙黏土，质较软、疏松，包含大量瓦砾。

2. 灰坑　4个。

H1

位置：位于 T0202 全部、T0203 东部、T0204 东南部、T0205 东南部、T0302 西部、T0303 西部、T0304 西南部、T0305 西南部。中心部分位于 T0202、T0203、T0302、T0303 四个探方内。

地层关系：①—H1 → F1。

形制：坑口平面呈不规则多边形，坑底略呈方形，底较平，坑壁不规整，多属斜弧壁，无加工痕迹。口径约 1550~1850、腹径约 700~1000、底径 475~500、深约 180 厘米（图七五）。

填土与包含物：填土可分为 5 层。

第①层：厚 0~85 厘米，土色灰褐，质较软、疏松，包含少量陶片、瓷片、植物根茎等。

第②层：厚 0~100 厘米，花土，主色为灰黄色，质较软、疏松，包含少量陶片、瓷片、瓦砾。

第③层：厚 0~80 厘米，花土，主色为灰紫色，质较软、较致密，包含少量陶片、瓷片和极少量动物骨骸。

第④层：厚 0~55 厘米，土色浅灰，质稍硬、较致密，包含极少量陶片、瓷片、碎石粒。

第⑤层：厚 0~15 厘米，土色深灰，质较硬、致密，无包含物。

出土遗物：早晚混杂，多为陶、瓷片以及石器、铜器、骨碎片等。可辨器形有新石器时代陶缸、瓮、罐等以及石刀、石杵，唐宋时期釉陶缸、盆、瓶等，明清时期青花瓷碗、碟等；还出土有残铜片，民国时期铜子弹壳等。据当地老农介绍，此坑为 20 世纪 50 年代末修山茅坑所挖，80 年代包产到户时填平。

H3

位置：位于 T0305 中部。

地层关系：① A—H3 →②。

形制：坑口平面呈圆形，斜弧壁，底不平，坑壁、底无加工痕迹。口径 90~95、底径 70~ 75、深 29~32 厘米（图七六；彩版三三，2）。

填土与包含物：填土分 2 层。

第①层：厚 14~16 厘米，黑灰色沙黏土，质较软、疏松。包含少量陶片和碎瓦片。

第②层：厚 12~18 厘米，灰黄色沙黏土，质较软、疏松。包含大量碎瓦片。

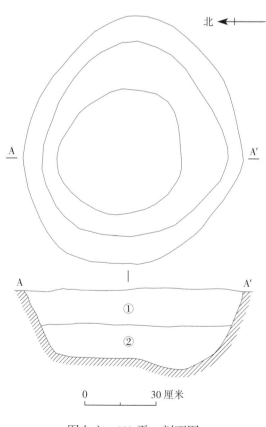

图七六　H3 平、剖面图

三、出土遗物

出土遗物主要有陶器、釉陶器、瓷器、铜器和铁器等。

1. 陶器

出土数量较少，共 29 件。主要有缸、盆、罐、碗及建筑构件等，挑选标本 7 件。

缸　8 件，其中底部 3 件。

A 型　4 件。唇较厚。

标本 H1∶19，夹砂灰黄陶，灰胎。素面。口微敛，圆唇宽厚，壁斜弧，残。轮制，火候较高。口径 44.8、残高 3.8 厘米（彩版三三，3）

B 型　1 件。唇较薄。

标本 T0202①，碎小。

盆　2 件。

标本 T0103①∶5，夹砂深灰陶，局部泛黑。素面，多轮制痕。口微敛，窄折平沿，方唇，上腹较直，残。轮制，火候高。口径 41、残高 4.6 厘米（彩版三三，5）。

小罐　1 件。

标本 T0202①∶6，夹砂红褐陶。唇侧面饰凹弦纹 1 周。直口，方圆唇，残。轮制，火候高。残宽 4.5、残高 2.5 厘米（彩版三三，4）。

碗　4 件。

标本 H1∶101，夹砂红陶，局部黑。素面。敞口，方唇，斜壁，残。轮制，火候较高。残宽 4.2、残高 2.7 厘米（彩版三三，6）。

板瓦　4 件。标本碎小。

筒瓦　2 件。标本碎小。

瓦当　1 件。B 型。

标本 H1∶6，夹砂灰陶。瓦当背面正中可见按压指印；可见瓦当与筒瓦拼接痕迹。瓦当呈圆形，边沿平整、宽厚，边沿饰短横线；沿内饰 1 圈小圆点乳丁纹和单圈凸弦纹，弦纹内饰狰狞的高浮雕兽面，周边隐约可见放射状须发，双目圆睁，眼眶呈叶形，眼角上翘，额上犄角，呈倒三角形，饰线划纹，眼两侧有竖耳，圆点状小鼻孔，龇牙咧嘴，嘴呈弧形上翘至脸颊，牙位于嘴正中，可见 4 颗。残。模制，火候较高。直径 13.6、残高 5.2 厘米（彩版三四，1）。

滴水　3 件。

标本 T0305①B∶1，夹砂灰陶。滴水背面可见拼接修整痕。整体略呈倒"凸"字形，上缘下凹呈弧形，下缘外凸呈花口形，边缘宽厚、不平，可见模印痕迹，宽约 0.7~1.2 厘米；内模印花卉 1 朵，呈浮雕状，可见 7 瓣纤细花瓣向下呈开放状。滴水部分保存较完整。模制，火候较高。残宽 15.5、高 7.7 厘米（彩版三四，2）。

构件　4件。未选标本。

2. 釉陶器

出土数量较少，共47件。主要有缸、罐、盆、瓶、碗、盏等，挑选标本16件。

缸　3件。

A型　1件。口微敛。

标本H1：16，夹粗砂灰白胎，施酱釉。素面。敛口，厚圆唇，上腹微弧，残。轮制，火候高。残宽5.6、残高5.4厘米（彩版三四，3）。

B型　2件。口较直。

Ba型　1件。唇较宽厚。

标本T0502①：3，夹砂红褐胎，器表施青釉。上腹施凹弦纹。敛口，圆唇，上腹附加半月形把手，残。轮制，火候高。残宽5.9、残高6.2厘米（彩版三四，4）。

Bb型　1件。唇较窄薄。

标本H1：17，夹砂红褐胎，施青釉。素面。敛口，圆唇，上腹微弧，残。轮制，火候高。残宽6.8、残高6.4厘米（彩版三四，5）。

卷沿罐　2件。

A型　1件。窄沿。

标本H1：27，夹砂红褐胎，器表施酱黄釉。素面。侈口，卷沿较平，圆唇，鼓腹，残。轮制，火候高。残宽9.6、残高8.1厘米（彩版三四，6）。

B型　1件。宽沿。

标本T0303①：6，夹砂红胎，器表施青釉。素面。侈口，卷沿较宽平，圆唇，有肩，残。轮制，火候高。残宽10.8、残高2.1厘米（彩版三五，1）。

立沿罐　10件。

A型　5件。唇较厚。

标本T0202①：5，夹砂红胎，器表施酱釉。敛口，斜立沿，圆唇，鼓腹，上腹附加半圆形提手，残。轮制，火候高。残宽9、残高6厘米（彩版三五，2）。

标本H10：6，夹砂红褐胎，器表施酱黄釉。素面。敛口，圆唇，溜肩，肩部附加桥形耳，残。轮制，火候高。残宽10.6、残高5.7厘米（彩版三五，3）。

B型　5件。唇较薄。

标本H1：38，夹砂红褐胎，器表施酱黄釉。沿下施凹弦纹1周。敛口，圆唇，鼓腹，残。轮制，火候高。残宽9.8、残高5.6厘米（彩版三五，4）。

矮领罐　1件。

标本T0502①：4，夹砂红褐胎，器表施酱釉。素面。敛口，圆唇，矮领微束，平肩，残。轮制，火候高。残宽12、残高3.6厘米（彩版三五，5）。

小罐　1件。标本碎小。

折沿盆　3件。

A型　1件。沿上翘。

标本 H1：22，夹砂红胎，器表施深酱釉。沿面施3道凹弦纹，弦纹间施波浪形划纹。敛口、宽折沿、沿缘折上翘，圆唇，上腹较斜直，残。轮制，火候高。残宽8.2、残高3.8厘米（彩版三五，6）。

B型　2件。沿下坠。

标本 T0302①：1，夹砂红胎，器表施豆黄釉。素面。敛口，窄折沿，尖圆唇，上腹斜弧，残。轮制，火候高。残宽6.5、残高2.3厘米（彩版三六，1）。

无沿盆　4件。

A型　1件。子母口。

标本 H1：23，夹砂深灰胎，器表施豆黄釉。素面。圆唇，上腹斜弧，残。轮制，火候高。残宽6.2、残高3.7厘米（彩版三六，2）。

B型　3件。非子母口。

标本 T0205①B：1，夹砂红褐胎，器表上部施青釉，有流痕，下腹露胎。腹施凹弦纹。敛口，圆唇，腹斜弧内收，残。轮制，火候高。残宽9.4、残高8.4厘米（彩版三六，3）。

瓶　1件。

标本 T0502①：16，夹砂红胎，外壁有酱釉流痕。素面。小平底、微内凹，残。轮制，火候高。底径3.8、残高1.7厘米（彩版三六，4）。

碗　10件，其中底部3件。

标本 H1：33，夹砂红褐胎，上腹施酱黄釉，下腹露胎。素面。敛口，方唇，上腹微鼓，下腹内收，残。轮制，火候高。残宽15.4、残高7.4厘米（彩版三六，5）。

盏　1件。

标本 H10，碎小。

3. 瓷器

出土数量较少，共55件。主要有碗、盘、瓶、杯、碟等，挑选标本14件。

无沿碗　21件。

A型　3件。厚唇。

标本 H1：59，灰白色瓷胎，质较密。器表施豆青釉。敞口，圆唇，斜弧壁，残。轮制，火候高。残宽2.8、残高5厘米（彩版三七，1）。

标本 T0302①：2，灰白色瓷胎，器表施豆青釉，饰深蓝色青花。敞口，圆唇，斜弧壁，残。轮制，火候高。残宽3.5、残高2.5厘米（彩版三七，2）。

B型　18件。薄唇。

Ba 型　17 件。圆唇。

标本 T0202 ①：23，灰白色瓷胎，质较疏，器表施青釉，圈足露胎。口外及上、下腹饰深蓝色带状青花。敞口，圆唇，斜弧腹，矮圈足，底微凹，修复。轮制，火候高。口径 12.4、足径 5.8、高 6 厘米（图七七，1；彩版三七，3）。

标本 T0502 ①：17，灰白色瓷胎，质较疏，器表施青釉，釉面开片，内底一圈露胎。外壁饰深蓝色文字（？），青花，圈足内侧多轮制痕。敞口，圆唇，斜腹，下腹急收至底，圈足稍高，外底心微凸，修复。轮制，火候高。口径 12.4、足径 5.8、高 6 厘米（图七七，2；彩版三七；4）。

标本 H1：3，灰白色瓷胎，质较密，器表施豆青釉，足缘露胎。内腹饰带状蓝色青花。敞口，圆唇，弧腹，矮圈足，修复。口径 14.8、足径 7、高 5.9 厘米（图七七，3；彩版三七，5）。

Bb 型　1 件。方唇。

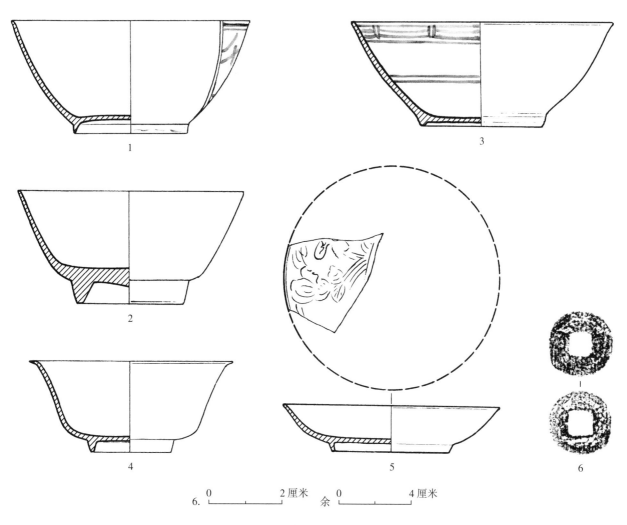

6.　　0 ————— 2 厘米　　余　　0 ————— 4 厘米

图七七　近现代遗迹出土瓷器、铜器

1~3. Ba 型无沿瓷碗（T0202 ①：23、T0502 ①：17、H1：3）　4. 有沿瓷碗（H1：102）　5. 瓷碟（H1：5）　6. 铜钱（T0304 ①：1）

标本 H1：66，灰白色瓷胎，器表施青白釉，釉下饰深蓝色青花。敞口，方唇，斜弧壁，残。轮制，火候高。残宽 2、残高 2.5 厘米（彩版三七，6）。

有沿碗　6 件。

标本 H1：102，灰白色瓷胎，质较细，器表施青白釉。器表沿下、下腹、圈足施单圈线纹，腹饰花卉青花，沿面饰锦地（？）青花，内底外圈施双带纹，内底中部饰花卉纹青花。敞口，卷沿近平，尖圆唇，斜腹、下腹急收，圈足，修复。轮制，火候高。口径 11、足径 4.6、高 4.8 厘米（图七七，4；彩版三八，1）。年代为清代。

碗底　23 件。

A 型　1 件。假圈足。

标本 H1，碎小。

B 型　14 件。高圈足。

Ba 型　5 件。内凹较深。

标本 T0302 ①：12，灰白色瓷胎，质较密，器表施青白釉，部分圈足与内底一圈露胎。腹饰团花及带状深蓝色青花，内壁、底心饰深蓝色团花青花，内下腹饰单圈线纹青花。弧腹内收，圈足较高。足径 8、残高 6 厘米（彩版三八，2）。

Bb 型　9 件。内凹较浅。

标本 T0103 ①：8，灰白色瓷胎，质较疏，器表施青釉。下腹饰蓝色青花，内底边饰单圈线纹青花。下腹弧内收，圈足稍高，残。轮制，火候高。足径 8、残高 3.2 厘米（彩版三八，3）。

C 型　8 件。矮圈足。

Ca 型　3 件。内凹较深。标本碎小。

Cb 型　5 件。内凹较浅。标本碎小。

盘　1 件。

标本 T0205 ① B：3，白色瓷胎，质密，器表施青白釉。盘底饰深蓝色花卉纹青花，外底中部有回字纹款。下腹缓收至底，矮圈足，残。足径 8、残高 1.1 厘米（彩版三八，4）。

瓶　1 件。

标本 T0103 ①：7，灰白色瓷胎，质较疏，器表施绿釉、较厚，多开片，外底、内壁露胎。下腹斜收至平底，残。轮制，火候高。底径 8、残高 2.1 厘米（彩版三八，5）。

杯　2 件。

标本 H1：68，白色瓷胎，质密，器表施青白釉，釉下饰深蓝色折枝花卉青花。内壁上、下各施单、双圈深蓝色线纹。敞口微外撇，尖圆唇，斜弧腹，残。轮制，火候高。残宽 4、残高 2.5 厘米（彩版三八，6）。

碟　1 件。

标本 H1：5，白色瓷胎，质密，器表施淡青釉，釉上饰粉彩折枝花卉纹。敞口，圆唇，浅盘，腹弧收，矮圈足，修复。轮制，火候高。口径 12、足径 7.2、高 2.3 厘米（图七七，5；彩版三九，1）。

4. 铜器

出土数量较少，主要有残钵、铜块、铜片、子弹、铜钱、铜渣等。

钵　1 件。

标本 T0202 ①：2，胎体发黑，锈蚀严重。上腹饰凹弦纹。敞口，方唇，弧腹，残。模制。残宽 3.5、残高 2.9 厘米（彩版三九，2）。

铜块　2 件。

标本 H10，锈蚀严重。

铜片　2 件。

标本 H1：2，青铜，色黄，锈蚀。可见阴线对称花卉纹和圆形穿孔 2 个。长条形，两端残。模制。残长 3.05、宽 0.75、厚 0.1 厘米（彩版三九，3）。

子弹　3 件。

标本 T0103 ①：1，由铁弹头、铜弹壳组成。弹头呈圆柱形，顶部弧；弹壳也呈圆柱形，上部收束，底部为底火帽，中心有一小圆孔。基本完整。长 8.1、底径 1.2 厘米（彩版三九，4）。

标本 T0305 ②：1，黄铜，锈蚀。残存弹壳和底火帽。圆柱形，中空，底火帽中心有一小圆孔。模制。残长 3、底径 1.2 厘米（彩版三九，5）。

铜钱　1 枚。

标本 T0304 ①：1，黄铜，锈蚀。方孔圆钱，不甚规整。正面钱文模糊不清，背面可见满文。直径 1.75、穿径 0.6、外郭宽 0.2、内郭宽 0.08、厚 0.07 厘米（图七七，6）。

5. 铁器

出土数量较少，主要有锈蚀严重的铁锄（？）、铁钉、铁片等。

锄（？）　1 件。

标本 T0202 ①：1，器表布满黄色铁锈。残存锄刃部分，上部为圆形銎口，下部为长条形刃身，直刃。打制。长 6.2、宽 1.3~3 厘米（彩版三九，6）。

第六章　结　语

阆中灵山遗址虽然发掘时间短、面积小，也不是第一次在嘉陵江中游干流开展的考古发掘，但我们认为灵山遗址的文化遗存具有十分显著的特点，是目前嘉陵江干流中游重要和典型的遗址之一，其主要特点可以概括如下。

第一节　灵山文化或类型——新石器时代晚期遗存

灵山遗址的新石器时代晚期遗存是目前嘉陵江干流中游首次发现的新石器时代晚期遗址，也是嘉陵江干流地层最丰富、出土遗迹和遗物最多的遗址，填补了该地区新石器时代考古学文化研究的空白，为我们了解和研究该地区新石器时代晚期的考古学文化面貌和时空框架提供了确切的实物资料。

一、文化特征

1. 遗迹

从遗迹数量和种类来看，总量和种类都不多，共19个。

虽然没有发现房址，但也发现了与之有关的柱洞3个与残灶1座，可惜的是它们开口于不同层位之下，提供的信息有限，无法了解和分析更多的相关情况。

灰坑14个，主要开口于第2组下与第6组下，各6个和5个，其他3个分别开口于第4、第8、第9组下。这些灰坑不管口部形状、坑壁与坑底形态有何差异，共同的一点是出土的陶片都量少且碎小。

燎祭遗迹1处。位于山顶台地中部，开口于②层下，被清代F6打破。由于燎祭遗迹未进行解剖和发现同时期的遗物，其年代缺乏直接的地层叠压打破关系和出土遗物相互印证。

从考古发掘情况看，灵山上人类活动的时间只有新石器时代晚期、唐宋、明清和近现代四个时期。

开口于①层下F6台基用灵山大庙废弃石构件筑基，从构件加工痕迹和花纹图案看，年代约在清代。在其中发现"万善□□"功德碑半块，其捐资修建人中尚有后代生活在村中，其年代约在清代中期前后。据当地老乡传说，该地为鳌灵坟、八角亭、红军碉堡。从发掘发现的残存八角形石基础看，为八角亭的可能性最大。其废弃年代，传说结合山腰发掘区出土子弹情况看，当在民国时期，修建年代当在清代中期前后。燎祭遗迹与中国古代的祭奠、奠基仪式不符，应与之无关。

宋《方舆纪要》："灵山，《周地图》：'昔蜀王鳖灵登此山，因名。'"明嘉靖《保宁府志》："灵山，在城东十里。昔蜀王鳖灵尝登此山，故名。天宝中赐名仙穴。"《大明一统志》卷六十八："鳖灵庙，在府东灵山上，郡人以古丛帝开明氏鳖灵王蜀有功，故主庙祀之。"清道光《保宁府志》："灵山，在县东十里，上有龙女洞，《周地图记》：'灵山多杂树，昔蜀王鳖登此，故名。'"从发掘情况看，山顶与山腰台地处都未发现与蜀王鳖灵同时期的遗迹与遗物。唐宋至明清时期确有石砌房址基础存在，应该与唐天宝中赐名后修建的鳖灵庙或灵山寺有关。

燎祭是古代帝王邦君所施行的一种重要祭祀方法，在唐至明清时期，其他人是不能僭越的，只有在新石器时代晚期的当地土著首领，才有资格施行。所以，燎祭遗迹的年代应该与山腰台地新石器时代晚期相当。

2. 遗物

发现的遗物主要为陶器，次为石器，骨骼仅出土 1 块。

（1）陶器

陶质有夹砂和泥质两类，陶质大致经历了从早到晚，夹砂陶数量从多到少，再由少到多，泥质陶数量从无到有、从少到多又由多到少的变化过程。夹砂陶多羼和石英颗粒，根据羼和石英颗粒的大小，可分为夹粗砂与夹细砂两种。

陶色主要有红、黑、灰、褐、灰褐、黄褐等，器表大多陶色不匀，陶胎与陶器内壁颜色也多与器表不同，表、胎、里颜色一致的较少。

器表纹饰经历了由少到多，再由多到少的变化。纹饰多绳纹、附加堆纹、戳印纹、划纹、弦纹、乳丁、镂孔、贴塑等，以及前述 2 种以上组成的复合纹。绳纹由细向粗变化，多交错拍印成方格形或菱形，在附加堆纹上也多按压绳纹，戳印纹有线、点、圈 3 种形态，划纹可分线形与波浪形，弦纹可分为凹、凸 2 种。

将陶质、陶色、器表素面和纹面的比例、纹饰统一观察，本遗址的陶系变化可分为以下 5 段：

第 1 段，仅有第 1 组。陶质全为夹砂，以夹细砂为主，占近 60%，夹粗砂稍少，约占 40%。陶色以褐、黑陶为主，次为红陶，灰褐陶较少，灰陶极少。器表素面略多，约占 53%，纹面略少，约占 47%。纹饰以绳纹为主，次为复合纹，戳印纹较少，弦纹更少，划纹很少。

第 2 段，仅有第 2 组。陶质中泥质明显增加，但仍以夹砂略多，约占 53%，泥质约占 47%。陶色以灰陶为主，次为红、黑陶，黄褐陶较多，灰褐和褐陶较少。器表素面和纹面的比例同第 1 段。纹饰仍以绳纹为主，次为复合纹，附加堆纹和弦纹较少，划纹和戳印纹很少。

第 3 段，包括第 3、4、5 组。从陶质总体看，夹砂略多于泥质，陶色以红、黑陶为主，最大特点是器表纹面多于素面，纹面约占 55%~60%，素面约占 40%~45%。纹饰比例与第 2 段相同。

第 4 段，仅第 6 组。陶质中夹砂和泥质所占比例几乎相等，夹砂约占 51%，泥质占 49%。陶色以灰、红、黑陶为主，各约占 22%。器表素面略多于纹面，素面约占 54%，纹面约占 46%。纹饰比例与第 3 段相同。

第 5 段，包括第 7、8、9、10 组。陶质中夹砂明显多于泥质，夹砂约占 60%~80%，泥质约占 20%~40%，陶色以红、灰陶为主，次为黑、灰褐陶，黄褐和褐陶较少。器表素面明显多于纹面，素面约占 65%~70%，纹面约占 30%~35%。纹饰所占比例同前。

陶器火候一般，早期火候较低，中、晚期略高。

制法多轮制或手制轮修，部分手制，高领瓮多口领、腹、底分制后套接。

器类以罐为主，约占 69.74%，其中小罐约占 12.90%。次为瓮，约占 16.28%，再次为盆、钵，各占 3.84% 和 3.23%，器盖、缸、纺轮较少，各占 1.69%、1.23% 和 1.08%，杯更少，仅占 0.92%，豆、盘最少，仅占 0.15%。

从陶器组合与形制特征看，第一、二、三期以共性为主，贯穿始终的器物种类和型式有瓮形器、缸、宽折沿罐、宽卷沿罐、Ba 型高领罐，A 型、B 型小侈口罐，敛口钵、杯、器盖等。但它们的区别也十分明显，每一期都或多或少的沿用了上一期的器物组合或型式，也出现一些新的器物组合和型式或不见一些上一期的器物型式。

第一期器物种类和型式有：A I 式高领瓮、I 式卷沿盆等。

第二期出现的器物种类和型式有：A II、A III、Ba I、Ba II 式和 Bb 型高领瓮，折沿罐，I、II 式窄折沿罐，窄卷沿罐，A I、A II 式和 Bb 型高领罐，束颈罐，A、B、C 型有肩罐，宽沿盘口罐，豆，A、B 型小直口罐、小高领罐、小有肩罐、II 式卷沿盆，A II、B I、B II 式折沿盆，盘、敞口钵，A、B、C 型纺轮等。沿用第一期的器物型式有 A I 式高领瓮，I 式卷沿盆等。

第三期出现的器物种类和型式有 D 型纺轮。消失的器物种类和型式较多，有 A I、A II、A III、Ba I、Ba II 式高领瓮，折沿罐，A II 式高领罐，束颈罐，A、B、C 型有肩罐，宽沿盘口罐，豆，B 型小直口罐，小高领罐，小有肩罐，I 式卷沿盆，A I、A II、B I 式折沿盆等。

说明这三期是一脉相承、连续发展的同一考古学文化或类型的不同发展阶段。

（2）石器

出土石器多选用当地河滩上的石材为原料，其石材种类主要为变质岩、火成岩和沉积岩。

石器制作的过程为，首先使用加工工具（石锤、石砧、砺石等）将石材（砾石）打制成石核、石坯或石片。石核经过加工修理可形成两类工具，一类为石核工具，如砍砸器等，可直接使用；另一类为定型工具，如穿孔礼器、斧、锛、凿、杵、刀、矛等，这类工具具有比较稳定的形态，都需再行磨制后使用。石片经过加工修理主要作为刮削器。

灵山遗址石器的加工方法主要是利用砸击法、锤击法等方法进行打击剥片，大多无台面，多经过二次加工后才投入使用。

石器可分为两类。第一类是打制石器，种类和数量都很少，主要为砍砸器、刮削器、条形器等。第二类是磨制石器，种类和数量较多，礼器只有穿孔礼器一种；工具以斧、锛、凿、刀、杵、球形器、砾石为主；兵器只有矛。

二、文化性质

将本遗址新石器时代晚期遗存出土陶器与周边地区的同时代文化进行比较，可明显分为三组：

第一组：以 A 型高领瓮、瓮形器、宽折沿罐、窄折沿罐、宽卷沿罐、高领罐、小罐、卷沿盆、折沿盆、杯、器盖等为代表。

第二组：以 B 型高领瓮、窄沿盘口罐、豆、盘等为代表。

第三组：以宽沿盘口罐等为代表。

第二组的高领瓮、盘是重庆市忠县哨棚嘴遗址[1]第一期晚段与第二期晚段的代表性陶器，其一期晚段的小口高领瓮（99ZGST31 ⑯ B：1）与灵山遗址第 2 组的 Ba 型 I 式高领瓮（T0203 ⑪：4）（图二一，2）口部特征相同。其二期晚段的 B 型内折沿钵（99ZGST302 ⑨：2）与灵山遗址第 4 组的盘（T0203 ⑨：1）（图二七，6）口部特征相同。其对应的年代应该大体相当。在嘉陵江下游的重庆北碚大土遗址[2]内折沿钵（AT4 ②：8）也与之形制相同。灵山遗址出土的窄沿盘口罐（T0203 ⑦：27）（图四二，9）与重庆忠县中坝遗址[3]第二期第 6 组的 C 型盘口罐（2002DT0102 ⑫：4）以及川西平原地区宝墩遗址第一、二期同类器特征相似。

第三组的宽沿盘口罐（T0204 ⑦：14）（图二八，10）与四川成都平原的宝墩遗址[4]出土的 I 式盘口尊（Ⅲ T1929 ⑦：52）相似度较高。嘉陵江下游的重庆市合川牛黄坝遗址[5] Bc 型素口罐（Y1：2）和合川老菜园遗址[6] C 型素口罐（I T1 ⑥：8）形制也与之相同。

第一组的陶器组合在四川嘉陵江流域的广元中子铺遗址[7]、广元张家坡遗址[8]、广元鲁

［1］北京大学考古学研究中心、北京大学考古文博学院三峡考古队、重庆市忠县文物管理所：《忠县哨棚嘴遗址发掘报告》，《重庆库区考古报告集》（1999 卷），科学出版社，2006 年，第 530~643 页。

［2］重庆市文化遗产研究院、重庆文化遗产保护中心：《嘉陵江下游考古报告集》，科学出版社，2015 年，第 35~50 页。

［3］四川省文物考古研究所、重庆市文物局三峡办、重庆市忠县文物管理所：《忠县中坝遗址Ⅱ区发掘简报》，《重庆库区考古报告集》（1998 卷），科学出版社，2003 年，第 607~648 页；四川省文物考古研究所、北京大学考古文博学院、美国 UCLA 大学等：《忠县中坝遗址 1999 年度发掘简报》，《重庆库区考古报告集》（2000 卷），科学出版社，2007 年，第 964~1042 页。

［4］中日联合考古调查队：《四川新津县宝墩遗址 1996 年发掘简报》，《考古》1998 年第 1 期。

［5］重庆市文化遗产研究院、重庆文化遗产保护中心：《嘉陵江下游考古报告集》，科学出版社，2015 年，第 167~174 页。

［6］重庆市文化遗产研究院、重庆文化遗产保护中心：《嘉陵江下游考古报告集》，科学出版社，2015 年，第 175~188 页。

［7］中国社会科学院考古研究所四川工作队：《四川广元市中子铺细石器遗存》，《考古》1991 年第 4 期；王仁湘、叶茂林：《四川盆地北缘新石器时代考古新收获》，《三星堆与巴蜀文化》，巴蜀书社，1993 年，第 257~265 页。

［8］中国社会科学院考古研究所四川工作队、四川省广元市文物管理所：《四川广元市张家坡新石器时代遗址的调查与试掘》，《考古》1991 年第 9 期。

家坟遗址[1]、广元邓家坪遗址[2]、通江擂鼓寨遗址[3]、绵阳边堆山遗址[4]、宣汉罗家坝遗址[5]、江油大水洞遗址[6]等遗址都有或多或少的发现，不管是从陶系还是从器物组合与形制特征上看，它们相同的因素都较多。但从发表材料较多的宣汉罗家坝、通江擂鼓寨等遗址对比，其差别也较明显，我们认为第一组陶器应该是嘉陵江中游当地土著的器物组合，具有本地区独有的特点，可以命名为灵山文化或类型。

三、分期与年代

1. 分期

根据本遗址新石器时代晚期地层、遗迹间的叠压打破关系和对其出土陶器的分类排队统计看：从陶系的陶质、陶色、器表素面和纹面的比例、纹饰统一观察，本遗址的陶系变化可分为5段。

从陶器组合与型式方面看，陶器种类约有缸、瓮、罐、小罐、盆、钵、盘、豆、杯、器盖、纺轮11类25种器物，共46种型、式，其中，Bb型高领瓮、瓮形器、缸、宽折沿罐、宽卷沿罐、Ba型高领罐，A、B型小侈口罐，敛口钵、杯、器盖这11种陶器基本上从早到晚都有，而且形制没有大的变化。剩余14种陶器和43种型、式存在出现、使用和消失的阶段性变化。

从陶系变化和陶器组合与形制特征的阶段性变化情况看，两者的变化基本同步，据此，我们可以将本遗址新石器时代晚期遗存归纳为三期5段10组。

2. 年代

我们根据本遗址地层、遗迹间打破关系和出土陶器陶系、器物组合与形制特征的变化分为三期5段10组，T0203 ⑨层和T0204 ⑧层经过打隔梁后的地层对照，是同一层位的，属第二期3段4组，其碳测数据的重合度也非常高。H19是T0203南面相邻探方的，从地层对应关系看早于另外2个数据，属第二期2段2组，年代略早于前2个数据，其树轮校正后的绝对年代应该介于距今4890~4670年之间，也就是说本遗址第二期的上限不超过4900年，第二期最晚的第4段第6组年代约在距今4700年左右；早于第二期的第一期年代约在距今5000~4900年之间，晚于第二期的第三期年代约在距今4700~4500年之间。

---

[1] 郑若葵、唐志工：《广元市鲁家坟新石器时代遗址调查记》，《四川文物》1992年第6期。

[2] 白九江、蒋晓春、赵炳清：《川东北地区先秦时期考古发现与考古学文化》，《四川文物》2013年第2期。

[3] 四川省文物考古研究所、通江县文物管理所：《通江县擂鼓寨遗址试掘报告》，《四川考古报告集》，文物出版社，1998年，第41~48页。

[4] 中国社会科学院考古研究所四川工作队：《四川绵阳市边堆山新石器时代遗址调查简报》，《考古》1990年第4期。

[5] 四川省文物考古研究院、达州市文物管理所、宣汉县文物管理所：《四川宣汉罗家坝遗址1999年度发掘简报》，《四川文物》2009年第4期；四川省文物考古研究所、达州地区文物管理所、宣汉县文物管理所：《四川宣汉罗家坝遗址2003年发掘简报》，《文物》2004年第9期。

[6] 四川省文物考古研究院、绵阳市博物馆、江油市文物管理所：《四川江油市大水洞新石器时代遗址发掘简报》，《四川文物》2006年第6期。

四、社会分工与生业

从灵山遗址发掘所获的新石器时代晚期遗存分析，当时已经存在一定的社会分工，起码存在石器加工业和制陶业。

从灵山遗址浮选鉴定结果可以看出，灵山遗址整体种子密度低，但非常有特色。炭化植物种子中，黍、粟、紫苏与人类活动密切相关。水稻出土概率低、数量少，仅有的 3 颗水稻就可能包含 2 种不同的品种，说明水稻也应该是食物来源之一。也就是说，黍、粟、稻虽然出土数量少，但也反映出当时存在农业生产这一事实。

灵山遗址可能并非通常人类活动较为频繁的聚落，而更倾向于是临时性的营地，新石器时代晚期的人群并不在这里进行通常的生产和生活活动，仅在特定的时候聚集于此，这也与灵山遗址山顶燎祭圆台的存在相呼应。

我们还开展了筛选工作，在新石器时代晚期未筛选出一块动物和鱼类骨骼，仅在地层单位中发现一块动物骨骼，是否存在狩猎业也存疑。

第二节 "鳌灵庙"—"灵山寺"遗存

灵山遗址的晚期遗存历唐宋、明清至近现代，发现的遗迹主要为石基房址或墙基、灶和灰坑，出土遗物反映的阶段性特征明显。

一、文化特征

1. 遗迹

发现的遗迹数量和种类较少，房址 5 座、墙基 3 处、灶 2 座、柱洞 2 个、灰坑 9 个。

唐宋时期的房址 3 座，分别为 F2、F3、F4，由于发掘面积较小，平面布局和结构都不清楚，但从 3 座房址的空间分布看，应该是同一建筑群的前、中、后 3 组建筑。近现代废弃的房址 1 座，为 F1，由于发掘面积小且被 H1 打破，平面布局和结构也不清楚，但从暴露在发掘区外的石墙基看，应该是另一组建筑群。

墙基中，Q3 为唐宋时期，但与同时代的房址隔一个文化层压在 F3 东南部上，说明在唐宋间，庙宇经过重修或改建。Q1、Q2 为明清时期，应该是当时建筑残留。

Z1、Z2 也为明清时期，应该与当时建筑有关。

发现的 2 个柱洞，都在唐宋 F4 下，无法确定与其他遗迹的关系。

9 个灰坑中，近现代 4 个，应该与 F1 无关。明清 2 个，唐宋 3 个，可能与其他遗迹有关。

2. 遗物

出土遗物主要有陶器、釉陶器、瓷器、铜器、铁器。

（1）陶器

出土数量和种类都不多，主要有缸、罐、碗、盆等生活用品和板瓦、筒瓦、瓦当、滴水、构件等建筑材料。

（2）釉陶器

出土数量较陶器稍多，几乎全为生活用品，种类主要有缸、瓮、罐、盆、碗、盏、瓶、杯、灯等。在明清时期发现少量建筑构件。

（3）瓷器

出土数量由少到多，全为生活用品，种类较少，主要为罐、盂、瓶、碗、盘、碟、杯等。

（4）铜器

出土数量较少，多为铜块、铜片、铜炉渣等，可辨器形有唐宋铜筷、开元通宝、崇宁通宝，清代铜钱，近现代的铜钵、子弹等。

（5）铁器

出土数量较少，多为锈蚀严重的铁块、铁片等，可辨器形最多的是铁钉，锄、凿、锁很少。

二、文化性质

从发掘出土的遗迹、遗物看，不管是器物类别、组合还是形制特征，都具有十分鲜明的汉族文化特征。该遗址不是一般的聚落居住遗址，而是寺庙建筑基址。

三、年代

从陶器、釉陶器、瓷器、铜器等类别和器物组合与特征分析，可明显分为唐宋、明清、近现代三个时期。

F1 的废弃年代比较明确，据当地老农介绍，20 世纪 30 年代，红军与国民党军队曾在此地开战，寺庙被破坏。始建年代可能为清代前后。

H1 的年代很清楚，是 20 世纪 50 年代成立人民公社时所建，废弃年代为 20 世纪 80 年代包产到户时。

附表一　阆中灵山遗址新石器时代灰坑登记表

编号	位置	层位关系		类	型	形状			尺寸（厘米）			出土遗物	备注
		上	下			口	壁	底	口径/长	底径/宽	深		
H7	T0303	④	⑤	甲		圆	外弧	不平	72~74	50~66	100	出土陶器22件，可辨器形有罐10、瓮8，缸很少	
H8	T0204	⑤	生土	丙	C	圆角三角	弧	不平	100~110	65~100	10~40	出土陶器19件，可辨器形有罐12、瓮5；石器2件，斧坯A1、凿1	被H1打破
H11	T0203	⑪	⑫	丙	Aa	椭圆	斜弧	平	60~175	55~155	20~25	夹细砂素面褐陶片1	被Z3打破
H12	T0302	⑧	⑨	丙	Aa	椭圆	弧	圜	58~72		19	出土陶器18件，可辨器形有瓮8、罐8	
H13	T0302	⑧	⑨	丙	Ab	椭圆	异形	不平	31~48	22~30	30~36	出土陶器5件，可辨器形有瓮、罐	
H14	T0302	⑧	⑨	乙		椭圆	直	不平	44~56		12~22	出土陶器9件。碎小。可辨器形有罐、瓮	
H15	T0204	⑧	⑨	甲		圆	直，东壁外鼓	略平	45~50	50	45~55	出土陶器7件，可辨器形有瓮、罐；石器1件，斧B1	
H16	T0302	⑨	生土	丙	Bb	圆	斜直	不平	64	60	10~20	出土陶器9件，可辨器形有罐5、瓮1；石器1件，锛1	
H17	T0302	⑨	生土	丙	Aa	椭圆	斜弧	圜	24~40		10	无	
H18	T0302	⑧	⑨	丙	Bc	圆	异形	略平	70	28~32	40	出土陶器14件，可辨器形以罐为主，次为瓮	
H19	T0202	⑦	生土	丙	Ab	略呈椭圆	异形	较平	90~135	80~130	5~10	出土陶器22件。碎小，可辨器形有瓮、罐	
H20	T0302	⑨	生土	丙	Aa	椭圆	斜弧	不平	59~68	52~56	27~34	出土陶器18件。碎小。部分可辨器形有瓮7、罐6	被H13打破
H22	T0402	⑦	⑧	丙	Ba	圆	弧	圜	80~86		14~16	出土陶器6件。全为罐	
H23	T0302	⑨	生土	丙	Ba	圆	斜弧	斜平	64	62	10~20	出土陶器8件。碎小，可辨器形有罐5、瓮3	

附表二　阆中灵山遗址新石器时代出土典型陶器分类统计表

器类	高领瓮			缸	罐												小罐				盆			盘	钵		杯	器盖	纺轮				期	段	组
器种					宽折沿	窄折沿	宽卷沿	窄卷沿	高领			有肩			盘口		侈口		直口		卷沿	折沿			敛口	敞口									
型	A	B							A	B		A	B	C	窄沿	宽沿	A	B	A	B		A	B						A	B	C	D			
亚型		a	b							a	b																								
式	(I·II·III)	(I·II)				(I·II)			(I·II)												(I·II)	(I·II)	(I·II)												
	I					II															I	I											三	5	10
			*	*		I	*	*			*		*		*				*		I	I				*		*				*	三	5	9
						II	*	*			*	*	*		*			*				I	II			*	*	*			*	*	三	5	8
	II					I			II		*							*								*	*					*	三	4	7
			*	*		II	*	*		*	*				*			*	*		II	II	II		*	*	*					*	三	4	6
		II	*	*		I	*	*	II		*	*	*	*	*	*		*	*		II	I	II		*	*	*	*	*	*	*		二	3	5
		II	*	*	*	II	*	*	II									*	*		I	I	II	*	*	*	*			*			二	3	4
						I												*				II							*				二	2	3
	I				*	II	*	*	I		*		*				*	*	*		I	I	I		*		*	*					二	2	2
	I				*	I	*	*	I	*								*			I	I	I		*	*	*	*					一	1	1

注："*" 表示有。

后　记

本遗址的发掘和报告编写得到了阆中市委、市政府的专项经费资助。

参加室内资料整理的人员有：孙智彬、李晓玺、周林。器物修复由李晓玺、周林完成。插图由黄家全、曾令玲完成。拓片由曾令玲完成。现场照片由李晓玺拍摄。器物照片由江聪拍摄。报告植物考古部分由万娇执笔，其余部分由孙智彬执笔。英文提要由美国 UCLA 大学博士生王子婵翻译。

在发掘灵山遗址和编写报告的过程中，我们得到了国家文物局、四川省文物局、四川省文物考古研究院、南充市文物保护管理所和阆中市委、市政府、市政协、市文物局等单位的大力支持和协助。中国社会科学院考古研究所冯时、王仁湘、叶茂林，北京大学考古文博学院孙华，重庆市文化遗产研究院邹后曦，成都文物考古研究院江章华等先生也在发掘和资料整理过程中到工地考察、指导。我们还得到了四川省文物局王毅局长、何振华处长，四川省文物考古研究院唐飞、周科华，阆中市政协王萌，阆中市教委张治平等先生的支持和指导，在此一并致谢！

编者

2022 年 7 月

Abstract

This book provides a comprehensive introduction to the excavation of the Lingshan site in Langzhong City, Sichuan Province. It introduces, summarizes, and preliminarily analyzes the remains from the Neolithic Age, the Tang and Song Dynasties, the Ming and Qing Dynasties, and modern times, covering archaeology, history, anthropology, geography, geology, biology and other disciplines.

It reviews in particular the developmental process and cultural characteristics of ancient archaeological cultures in the middle reaches of the Jialing River and the cultural characteristics of each stage. It is an important report for the archaeology of the middle reaches of the Jialing River in Sichuan that fills the gaps in current Neolithic archaeological research of the region and provides substantial material evidence for delineating the archaeological cultures and their tempo-spatial frameworks. The discovery of the remains of *liaoji* (the burning rite) on the mountaintops in Sichuan for the first time enriched Neolithic archaeological research, and based on relatively obvious regional characteristics observed through unearthed pottery and lithic tools, the remains likely represent a new archaeological culture or regional variation. The excavation provides new material data for the study of the eastern-western exchanges and the northern-southern integration of the archaeological cultures in the late Neolithic periods in the eastern part of the Sichuan Basin and its surroundings such as Ganqing and Xiajiang. The discovery at Langzhong also predates the earliest traceable human activity from 3000 BP to 4500–5000 BP.

This book can be read and referenced by scientific researchers and teaching personnel in archaeology, history, anthropology, geography, geology, biology, and other disciplines, as well as those who care about archaeological research in the Jialing River Basin.

灵山遗址

阆中古城

阆中灵山遗址航片（2016）

阆中灵山遗址全景（东南—西北）

考古发掘开工合影

考古勘探情况

山腰阶地发掘区全景（北—南）

山顶台地发掘区全景（北—南）

彩版七

1. T0202—0205西壁（东北—西南）

2. T0202—0502南壁（北—南）

探方剖面

1. Ba型高领陶罐（T0103⑬：1）

2. A型小侈口陶罐（T0203⑫：3）

3. 陶器盖（T0203⑫：21）

5. A型石锛（T0203⑫：2）

4. 石斧坯（T0203⑫：1）

新石器时代晚期第1组陶器、石器

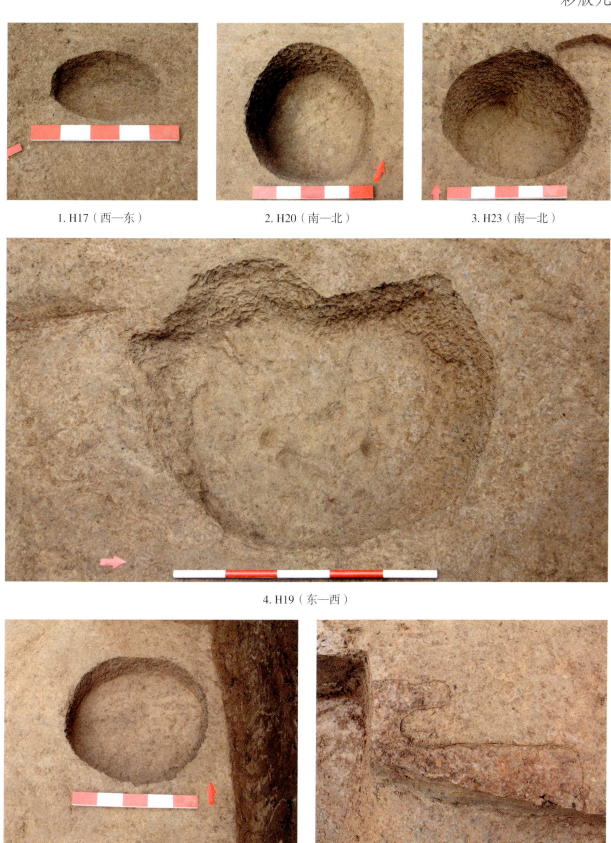

1. H17（西—东）　　2. H20（南—北）　　3. H23（南—北）

4. H19（东—西）

5. H16（南—北）　　　　　　6. Z3（东—西）

新石器时代晚期第2组灰坑、灶

1. 扁条形器（T0103⑫：32）

2. A型锛（T0203⑪：1）

3. B型斧（T0103⑫：1）

4. 三孔礼器（T0203⑪：57）

新石器时代晚期第2组石器

1. Ba型 I 式高领陶瓮（T0203⑨：10）

2. 陶盘（T0203⑨：1）

4. A型石斧（T0204⑧：1）

3. A型陶纺轮（T0203⑨：3）

5. 石凿（T0203⑨：5）

新石器时代晚期第4组陶器、石器

1. A型Ⅰ式折沿陶盆（T0205⑥：13）　　　　2. 陶器盖（T0205⑥：15）　　　　3. B型陶纺轮（T0205⑥：6）

4. C型陶纺轮（T0205⑥：7）

5. A型石斧（T0204⑦：1）　　　　　　　6. A型石刀（T0205⑥：1）

新石器时代晚期第5组陶器、石器

1. H14（东南—西北）

2. H12（西南—东北）

3. H13（西南—东北）

4. D1（西—东）

新石器时代晚期第6组灰坑、柱洞

1. 敞口钵（T0402⑦：6）

4. B型纺轮（T0202⑤：1）

2. 敞口钵（T0402⑦：7）

5. B型纺轮（T0202⑤：5）

3. 敞口钵（T0402⑦：8）

新石器时代晚期第6组陶器

1. 砍砸器（T0302⑧：2）

3. A型锛（T0103⑪：1）

2. A型斧（T0202⑤：3）

4. B型锛（T0302⑧：68）

5. 杵（T0302⑧：1）

6. 矛（T0203⑧B：1）

新石器时代晚期第6组石器

1. 第7组D型陶纺轮（T0202④：14）

2. 第7组石刮削器（T0202④：15）

3. 第7组B型石铲（T0202④：2）

5. 第8组陶缸（T0203⑦：2）

4. 第7组石矛（T0302⑦：1）

6. 第8组A型Ⅰ式高领陶罐（T0203⑦：13）

新石器时代晚期第7、8组陶器、石器

1. 第9组Ⅱ式卷沿陶盆（T0203⑥：35）

6. 第9组扁条形石器（T0202③：16）

2. 第9组Ⅱ式卷沿陶盆（T0203⑥：36）

7. 第10组B型石斧坯（T0402⑥：1）

3. 第9组敛口陶钵（T0203⑥：37）

4. 第9组B型石刀（T0302⑥：2）

5. 第9组石砍砸器（T0305⑤：1）

8. 第10组石刀坯（T0402⑥：26）

新石器时代晚期第9、10组陶器、石器

燎祭遗迹（北—南）

F3（东—西）

1. F4（北—南）

2. F5（西—东）

F4、F5

1. 釉陶盘口壶（H6∶29）

2. 瓷碗底（H6∶36）

3. 陶砖（H21∶1）

4. 陶砚（T0103⑨∶4）

唐宋遗迹出土釉陶器、陶器、瓷器

1. D2（北—南）

2. D3（南—北）

D2、D3

1. 陶砖（T0305④：2）

2. 陶瓦当（T0204③B：1）

3. 釉陶瓮（T0304④：2）

4. B型敛口釉陶罐（T0204③A：9）

唐宋遗迹出土陶器、釉陶器

1. A型盆（T0402④：43）

2. A型碗（T0204③B：2）

4. B型碗（T0402④：2）

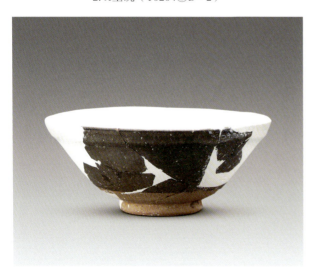

3. B型碗（T0103⑧：2）

5. B型碗（T0402④：3）

6. B型碗（T0402④：12）

唐宋遗迹出土釉陶器

1. 瓶（T0103⑧：1）

3. A型盏（T0402④：4）

4. A型盏（T0402④：7）

2. 瓶（T0402④：41）

5. B型盏（T0402④：5）

6. B型盏（T0402④：6）

唐宋遗迹出土釉陶器

1. 釉陶灯（T0402④：8）

2. 釉陶灯（T0402④：9）

3. 釉陶灯（T0402④：10）

4. 釉陶灯（T0402④：11）

5. 瓷盂（T0205③：12）

6. Ab型瓷碗（T0402④：22）

唐宋遗迹出土釉陶器、瓷器

1. B型瓷碗（T0402④：24）

2. 瓷瓶（？）（T0402④：30）

3. 石造像（T0103⑨：3）

8. 铁凿（T0204③B：5）

4. 石造像（T0103⑨：2）

5. 石构件（？）（T0103⑨：1）

6. 铜筷（T0302④：1）

7. 铁锁（T0502④：1）

唐宋遗迹出土瓷器、石器、铜器、铁器

1. F6（南—北）

2. H4（北—南）

F6、H4

1. Z1（南—北）

2. Z2（南—北）

Z1、Z2

1. 釉陶缸（H5：3）

3. 陶砖（Z1：1）

4. 陶筒瓦（Z1：2）

5. 陶罐（T0303②：2）

2. 釉陶碗（H5：2）

6. 陶筒瓦（T0402③：6）

明清遗迹出土釉陶器、陶器

1. Aa型陶瓦当（T0402③：2）

2. B型陶瓦当（T0402③：13）

3. 陶滴水（T0103④：1）

5. 釉陶缸（TG1②：4）

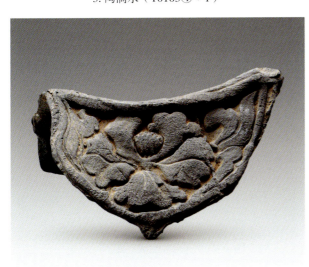

4. 陶滴水（T0402③：1）

6. 卷沿釉陶罐（T0402③：23）

明清遗迹出土陶器、釉陶器

1. 小釉陶罐（T0502③：3）

2. 釉陶构件（T0402③：8）

3. 釉陶构件（T0402③：10）

4. B型无沿瓷碗（T0202②：1）

5. A型瓷碗底（T0205②：5）

6. 瓷杯（T0103⑥：4）

明清遗迹出土釉陶器、瓷器

2. H3（东—西）

1. F1（北—南）

3. A型缸（H1：19）

4. 小罐（T0202①：6）

5. 盆（T0103①：5）

6. 碗（H1：101）

F1、H3及近现代遗迹出土陶器

1. B型陶瓦当（H1∶6）

4. Ba型釉陶缸（T0502①∶3缸口2）

2. 陶滴水（T0305①B∶1）

5. Bb型釉陶缸（H1∶17）

3. A型釉陶缸（H1∶16）

6. A型卷沿釉陶罐（H1∶27）

近现代遗迹出土陶器、釉陶器

1. B型卷沿罐（T0303①：6）

2. A型立沿罐（T0202①：5）

3. A型立沿罐（H10：6）

4. B型立沿罐（H1：38）

5. 矮领罐（T0502①：4）

6. A型折沿盆（H1：22）

近现代遗迹出土釉陶器

1. B型折沿盆（T0302①：1）

2. A型无沿盆（H1：23）

3. B型无沿盆（T0205①B：1）

4. 瓶（T0502①：16）

5. 碗（H1：33）

近现代遗迹出土釉陶器

1. A型（H1：59）

3. Ba型（T0202①：23）

2. A型（T0302①：2）

4. Ba型（T0502①：17）

5. Ba型（H1：3）

6. Bb型（H1：66）

近现代遗迹出土无沿瓷碗

1. 有沿碗（H1：102）

2. Ba型碗底（T0302①：12）

3. Bb型碗底（T0103①：8）

4. 盘（T0205①B：3）

5. 瓶（T0103①：7）

6. 杯（H1：68）

近现代遗迹出土瓷器

1. 瓷碟（H1：5）

2. 铜钵（T0202①：2）

3. 铜片（H1：2）

4. 铜子弹（T0103①：1）

5. 铜子弹（T0305②：1）

6. 铁锄（？）（T0202①：1）

近现代遗迹出土瓷器、铜器、铁器